Impressum
Verlag: BABADADA GmbH, Nedderfeld 112 , 22529 Hamburg
Geschäftsführer / Verlagsleitung: Harald Hof
Druck: Books on Demand GmbH, In de Tarpen 42, 22848 Norderstedt

Imprint
Publisher: BABADADA GmbH, Nedderfeld 112 , 22529 Hamburg, Germany
Managing Director / Publishing direction: Harald Hof
Print: Books on Demand GmbH, In de Tarpen 42, 22848 Norderstedt

សាលារៀន

colegio

បន្ទប់រៀន
aula

ចែក
dividir

186/2

ក្ដារ
pizarrón

ទីធ្លាសាលារៀន
patio de escuela

គ្រូបង្រៀន
maestro

ក្រដាស
papel

សរសេរ
escribir

ប៊ិក
birome

តុការិយាល័យ
escritorio

បន្ទាត់
regla

សៀវភៅ
libro

កូនសិស្ស
alumno

សម្ពៀតស្បែក
....
mochila

ប្រអប់ដាក់ខ្មៅដៃ
....
caja de lápices

ខ្មៅដៃ
....
lápiz

ប្រដាប់ខួងខ្មៅដៃ
....
sacapuntas

ជ័រលុប
....
goma (de borrar)

ផ្ទាំងគំនូរ
....
bloc de dibujo

គំនូរ
dibujo

ជក់គូរ
pincel

ប្រអប់ថ្នាំលាប
caja de pinturas

កន្ត្រៃ
tijera

កាវបិទ
pegamento

សៀវភៅលំហាត់
cuaderno de ejercicios

កិច្ចការផ្ទះ
tarea

លេខ
número

បូក
sumar

ដក
restar

គុណ
multiplicar

គណនា
calcular

លិខិត
letra

អក្សរក្រម
abecedario

ពាក្យ
palabra

អត្ថបទ

texto

អាន

leer

ដីស

tiza

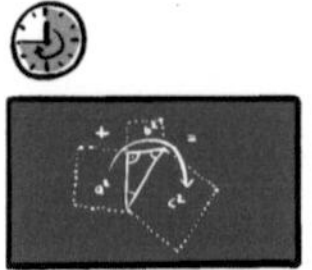

មេរៀន

lección

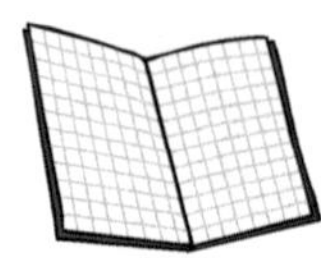

ចុះឈ្មោះ

cuaderno de clase

ការប្រលង

examen

វិញ្ញាបនបត្រ

certificado

ឯកសណ្ឋានសាលា

uniforme escolar

ការអប់រំ

educación

សព្វវចនាធិប្បាយ

enciclopedia

សាកលវិទ្យាល័យ

universidad

មីក្រូទស្សន៍

microscopio

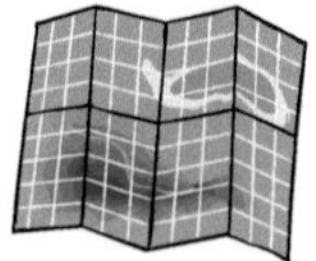

ផែនទី

mapa

កន្ត្រកដាក់សំរាមក្រដាស

tacho (de basura)

ការធ្វើដំណើរ

viaje

សណ្ឋាគារ
hotel
Grand
សណ្ឋាគារក្មេង
hostel
ROOMS
ការិយាល័យប្តូរប្រាក់
casa de cambio
EXCHANGE
វ៉ាលី
valija
រថយន្ត
auto

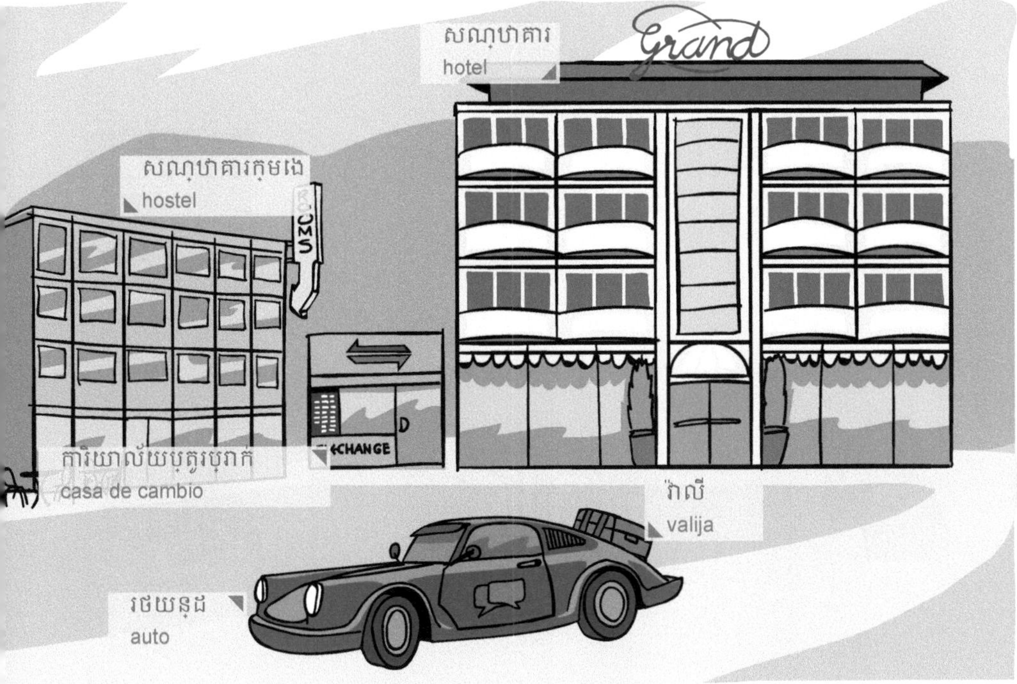

ភាសា

idioma

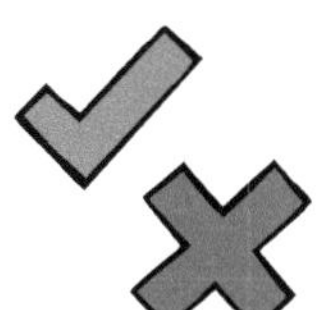

បាទ / ទេ

sí / no

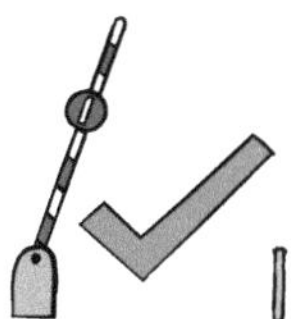

យល់ព្រម

Está bien

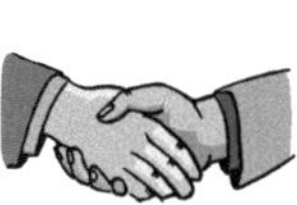

សាយ័ន្តសួស្តី!

hola

អ្នកបកប្រែ

traductor

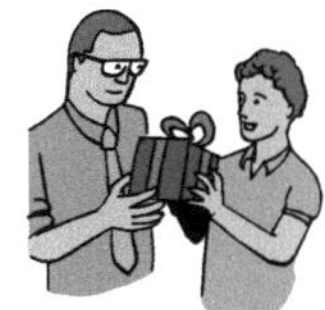

សូមអរគុណ

Gracias

ថ្លៃប៉ុន្មាន... ?

¿cuánto cuesta...?

ខ្ញុំមិនយល់

No entiendo

បញ្ហា

problema

ទិវាសួស្តី!

¡Buenas tardes!

អរុណសួស្តី

¡Buenos días!

រាត្រីសួស្ដី!

¡Buenas noches!

លាហើយ

adiós

ទិសដៅ

dirección

អីវ៉ាន់

equipaje

កាបូប

bolso

កាបូបស្ពាយក្រោយ

mochila

ភ្ញៀវ

invitado

បន្ទប់

habitación

ថង់ដេក

bolsa de dormir

តង់

carpa

ព័ត៌មានទេសចរណ៍

información turística

ឆ្នេរ

playa

កាតឥណទាន

tarjeta de crédito

អាហារពេលព្រឹក

desayuno

អាហារថ្ងៃត្រង់

almuerzo

អាហារពេលល្ងាច

cena

សំបុត្រ

pasaje

ជណ្ដើរយន្ដ

ascensor

ត្រា

sello

ព្រំដែន

frontera

គយ

aduana

ស្ថានទូត

embajada

ទិដ្ឋាការ

visa

លិខិតឆ្លងដែន

pasaporte

ការដឹកជញ្ជូន

transporte

កប៉ាល់
barco

យន្តហោះ
avión

ម៉ាស៊ីនភ្លើង
autobomba

រថយន្តដឹកទំនិញ
camión

រថយន្តក្រុង
colectivo

កាណូត
lancha a motor

រថយន្ត
auto

ជិះកង់
bicicleta

សាឡាង

ferry

ទូក

bote

ម៉ូតូ

moto

រថយន្តប៉ូលិស

patrullero

រថយន្តប្រណាំង

auto de carreras

រថយន្តជួល

auto de alquiler

ការចែករំលែករថយន្ត

alquiler de autos

ឡានស្ទូច

grúa

ឡានប្រមូលសំរាម

camión de basura

ម៉ូតូ

motor

ប្រេងឥន្ធនៈ

nafta

ស្ថានីយប្រេង

estación de servicio

ស្លាកសញ្ញាចរាចរណ៍

señal de tránsito

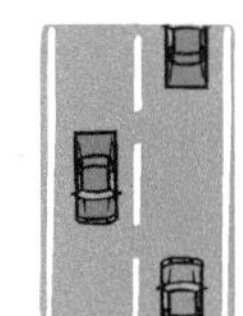

ការធ្វើចរាចរណ៍

tránsito

កកស្ទះចរាចរណ៍

embotellamiento

ចំណត

estacionamiento

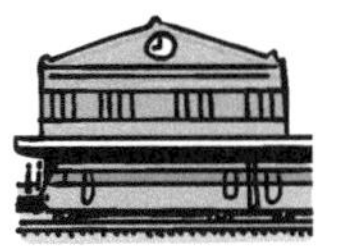

ស្ថានីយរថភ្លើង

estación de tren

ផ្លូវដែក

vías

រថភ្លើង

tren

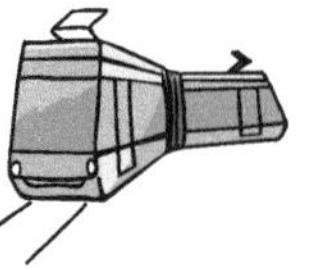

រថអគ្គិសនី

tranvía

ទូររថភ្លើង

vagón

ឧទ្ធម្ភាគចក្រ

helicóptero

ព្រលានយន្តហោះ

aeropuerto

ប៉ម

torre

អ្នកដំណើរ

pasajero

កុងតឺន័រ

contenedor

ក្រដាសកាតុង

caja de cartón

រទេះ

carretilla

កញ្ចប់

canasta

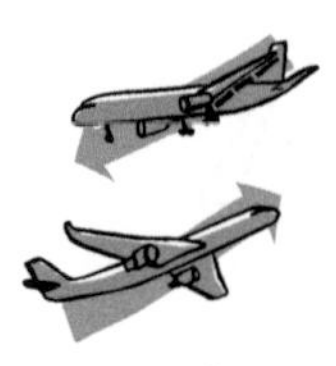

ហោះឡើង / ចុះ

despegar / aterrizar

ទីក្រុង

ciudad

ភូមិ

pueblo

កណ្តាលទីក្រុង

centro de ciudad

ផ្ទះ

casa

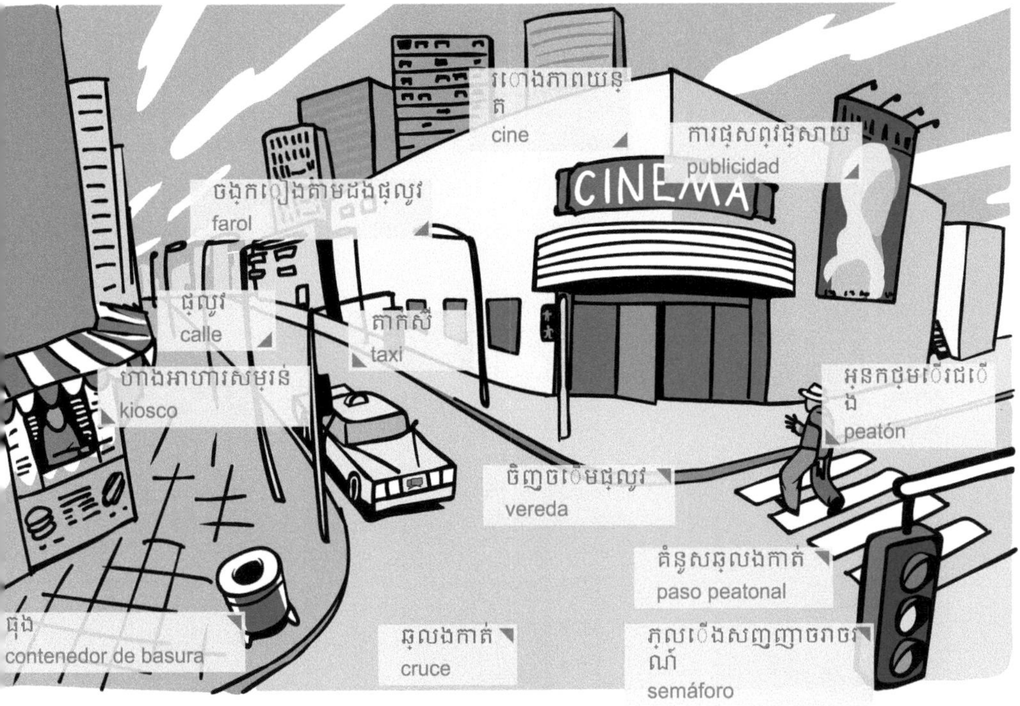

CINEMA
រោងភាពយន្ត
cine
ការផ្សព្វផ្សាយ
publicidad
ចង្កៀងតាមដងផ្លូវ
farol
ផ្លូវ
calle
តាក់ស៊ី
taxi
ហាងអាហារសម្រន់
kiosco
អ្នកថ្មើរជើង
peatón
ចិញ្ចើមផ្លូវ
vereda
គំនូសឆ្លងកាត់
paso peatonal
ធុង
contenedor de basura
ឆ្លងកាត់
cruce
ភ្លើងសញ្ញាចរាចរណ៍
semáforo

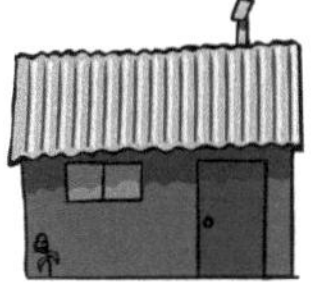

ខ្ទម
....
cabaña

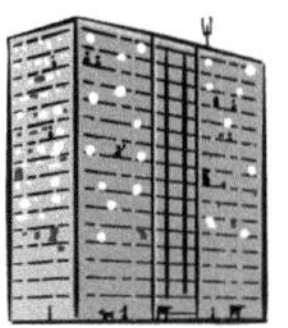

ផ្ទះល្វែង
....
departamento

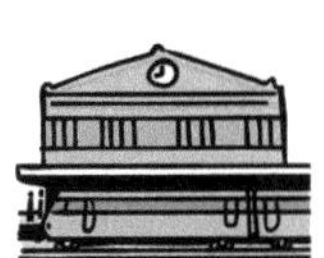

ស្ថានីយរថភ្លើង
....
estación de tren

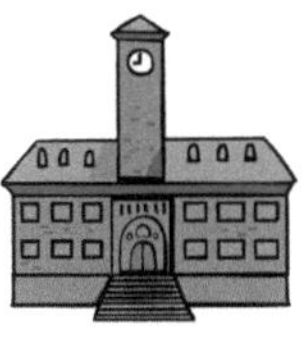

សាលាក្រុង
....
municipalidad

MUSEUM

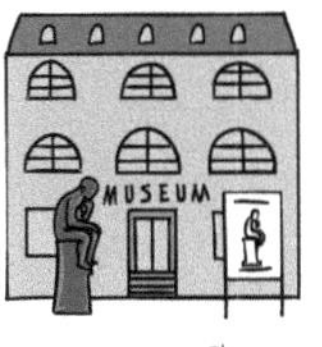

សារមន្ទីរ
....
museo

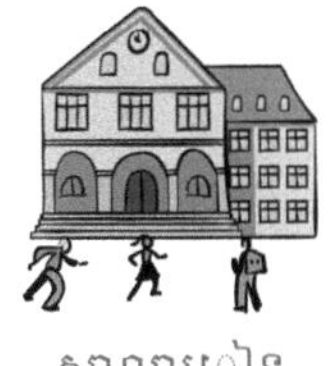

សាលារៀន
....
colegio

សាកលវិទ្យាល័យ

universidad

ធនាគារ

banco

មន្ទីរពេទ្យ

hospital

សណ្ឋាគារ

hotel

ឱសថស្ថាន

farmacia

ការិយាល័យ

oficina

ហាងលក់សៀវភៅ

librería

ហាង

negocio

ហាងផ្កា

florería

ផ្សារទំនើប

supermercado

ទីផ្សារ

mercado

ហាងទំនិញ

grandes tiendas

ហាងលក់ត្រី

pescadería

មជ្ឈមណ្ឌលផ្សារទំនើប

centro comercial

កំពង់ផែ

puerto

ឧទ្យាន

parque

បង់

banco

ស្ពាន

puente

ជណ្តើរ

escaleras

ផ្លូវក្រោមដី

subte

ផ្លូវរូងក្រោមដី

túnel

ចំណតរថយន្តក្រុង

parada del colectivo

បារ

bar

ភោជនីយដ្ឋាន

restaurante

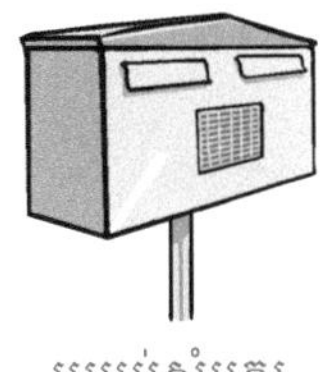

ប្រអប់សំបុត្រ

buzón

សញ្ញាតាមដងផ្លូវ

letrero

ឧបករណ៍ប្រមូលថ្លៃចំណត

parquímetro

សួនសត្វ

zoológico

អាងហែលទឹក

pileta

វិហារអ៊ីស្លាម

mezquita

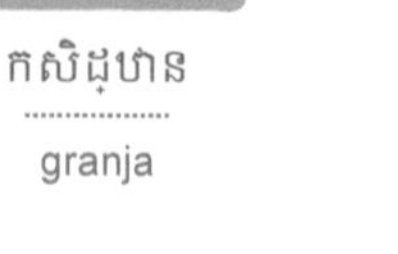

កសិដ្ឋាន

granja

ការបំពុល

contaminación

វាលកប់ខ្មោច

cementerio

ព្រះវិហារ

iglesia

គ្រឿងរំអិលក្មេងលេង

juegos infantiles

ប្រាសាទ

templo

ទេសភាព

paisaje

ស្លឹក
hoja

សញ្ញាប្រាប់ទិសដៅ
poste indicador

ផ្លូវ
camino

វាលស្មៅ
pradera

ដុំថ្ម
piedra

អ្នកឡើងភ្នំ
excursionista

ដើមឈើ
árbol

ទន្លេ
río

ស្មៅ
hierba

ផ្កា
flor

ជ្រលងភ្នំ

valle

កូនភ្នំ

montaña

បឹង

lago

ព្រៃឈើ

bosque

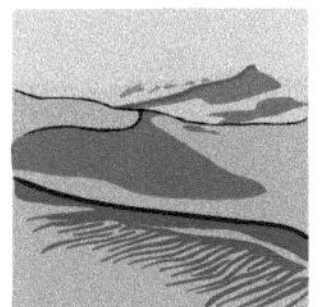

វាលខ្សាច់

desierto

ភ្នំភ្លើង

volcán

គោក្របី

castillo

ឥន្ទធនូ

arco iris

ផ្សិត

champiñón

ដើមត្នោត

palmera

មូស

mosquito

រុយ

mosca

ស្រមោច

hormiga

សត្វឃ្មុំ

abeja

ពីងពាង

araña

សត្វកញ្ចៃ

escarabajo

កង្កែប

rana

កំប្រុក

ardilla

សត្វកាំប្រមា

erizo

ទន្សាយស្លឹក

liebre

សត្វទីទុយ

lechuza

បក្សី

pájaro

ហង្ស

cisne

ជ្រូក

jabalí

សត្វក្តាន់

ciervo

សត្វក្ដាន់

alce

ទំនប់

presa

កង្ហារខ្យល់

aerogenerador

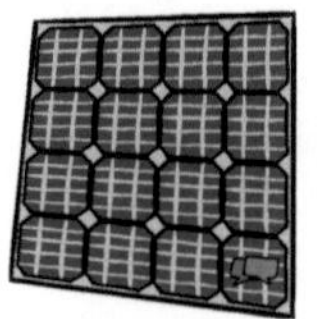

បន្ទះសូឡា

panel solar

អាកាសធាតុ

clima

ភោជនីយដ្ឋាន

restaurante

អ្នករត់តុ
mozo

មីនុយ
menú

កៅអី
silla

ស៊ុប
sopa

ភីហ្សា
pizza

កាំបិត
cubiertos

កម្រាលតុ
mantel

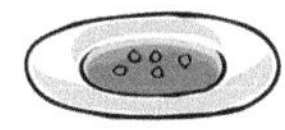

អាហារសម្រន់
entrada

អាហារសំខាន់
plato principal

បង្អែម
postre

ភេសជ្ជៈ
bebidas

អាហារ
comida

ដប
botella

អាហាររហ័ស

comida rápida

អាហារតាមផ្លូវ

comida callejera

ប៉ាន់តែ

tetera

ប្រអប់ស្ករ

azucarera

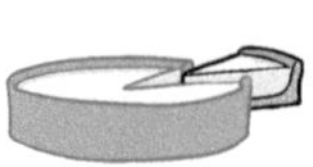

ចំណែក

porción

ម៉ាស៊ីនឆុងកាហ្វេអេសប្រេសូ

cafetera expreso

កៅអីខ្ពស់

sillita alta

វិក្កយបត្រ

cuenta

ថាស

bandeja

កាំបិត

cuchillo

សម

tenedor

ស្លាបព្រា

cuchara

ស្លាបព្រាកាហ្វេ

cucharita

កន្សែងជូតខ្លួន

servilleta

កែវ

vaso

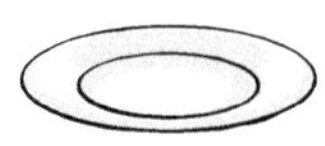

ចានទាប

plato

ចានស៊ុប

plato hondo

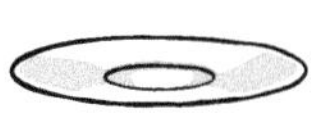

ចានទ្រនាប់

plato

ទឹកជ្រលក់

salsa

ដបអំបិល

salero

ប្រដាប់កិនម្រេច

molinillo de pimienta

ទឹកខ្មេះ

vinagre

ប្រេង

aceite

គ្រឿងទេស

especias

ទឹកប៉េងប៉ោះ

kétchup

ម៉ូតាក

mostaza

ទឹកមយ៉ោណេ

mayonesa

ផ្សារទំនើប

supermercado

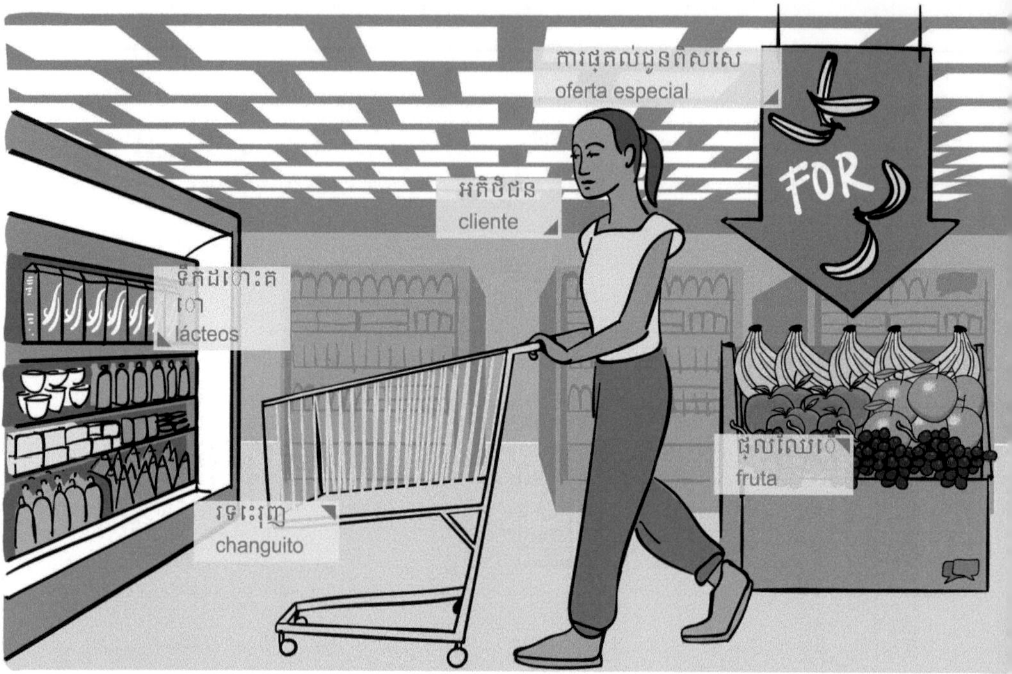

ការផ្តល់ជូនពិសេស
oferta especial
អតិថិជន
cliente
FOR
ទឹកដោះគោ
lácteos
ផ្លែឈើ
fruta
រទេះរុញ
changuito

BUTCHERS

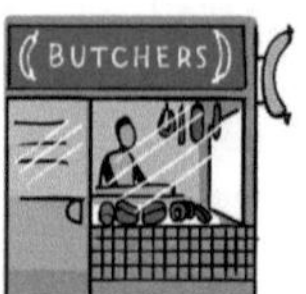

ហាងកាប់ជ្រូក

carnicería

BAKERY

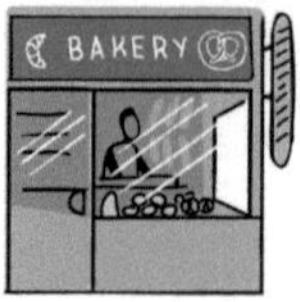

ហាងដុតនំ

panadería

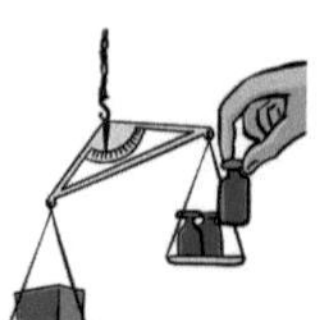

ថ្លឹង

pesar

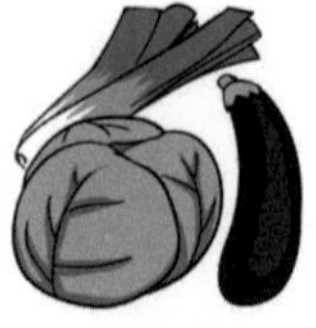

បន្លែ

verduras

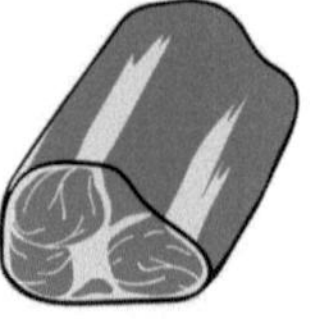

សាច់

carne

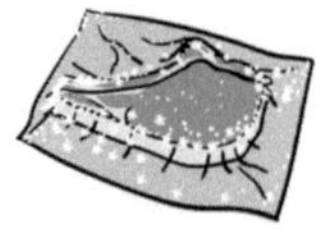

អាហារក្លាស្សេ

alimentos congelados

សាច់ក្លាសេ

fiambres

អាហារកំប៉ុង

alimentos enlatados

ម្សៅលាង

detergente en polvo

ស្ករគ្រាប់

golosinas

ផលិតផលក្នុងគ្រួសារ

electrodomésticos

ផលិតផលសម្អាត

productos de limpieza

អ្នកលក់

vendedora

ថតដាក់លុយ

caja

បេឡា

cajero

បញ្ជីទិញទំនិញ

lista de compras

ម៉ោងធ្វើការ

horario de atención

កាបូបលុយប្រុស

billetera

កាតឥណទាន

tarjeta de crédito

ថង់

cartera

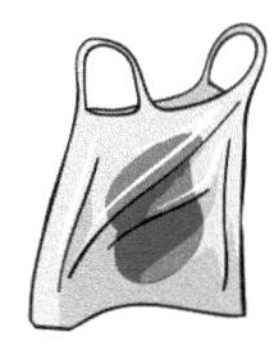

ថង់ប្លាស្ទិច

bolsa de plástico

ភេសជ្ជៈ

bebidas

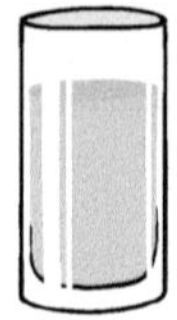

ទឹក

agua

ទឹកផ្លែឈើ

jugo

ទឹកដោះគោ

leche

កូកាកូឡា

bebida cola

ស្រា

vino

ស្រាបៀរ

cerveza

គ្រឿងស្រវឹង

alcohol

កាកាវ

cacao

តែ

té

កាហ្វេ

café

កាហ្វេអិចស្ព្រេសូ

café expreso

កាហ្វេកាពូឈីណូ

cappuccino

អាហារ
comida

ចេក

banana

ផ្លែប៉ោម

manzana

ផ្លែក្រូច

naranja

ឪឡឹក

melón

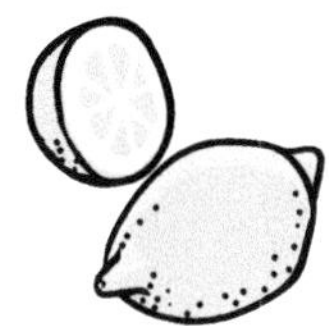

ក្រូចឆ្មា

limón

ការ៉ុត

zanahoria

ខ្ទឹម

ajo

ឫស្សី

bambú

ខ្ទឹមបារាំង

cebolla

ផ្សិត

champiñón

គ្រាប់ផ្លែឈើ

nueces

មី

fideos

មីអ៊ីតាលី

tallarines

បាយ

arroz

សាឡាត់

ensalada

ដំឡូងចៀន

papas fritas

ដំឡូងចៀន

papas fritas

ភីហ្សា

pizza

ប៊ឺហ្គឺ

hamburguesa

សាំងវិច

sándwich

សាច់ជាប់ឆ្អឹងជំនី

churrasco

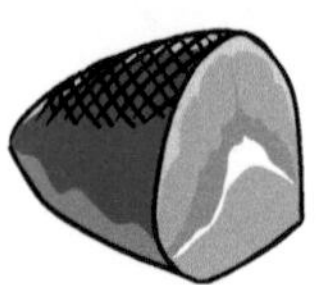

ហាំ

jamón

សាឡាមី

salame

សាច់ក្រក

salchicha

សាច់មាន់

pollo

អាំង

asado

ត្រី

pescado

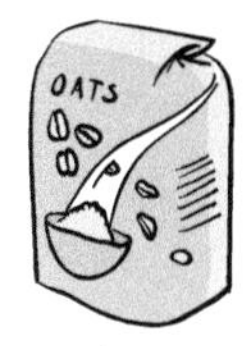

អាវ៉ែនបបរ

copos de avena

ម្យូស្លី

muesli

ដំឡូងចំណិត

copos de maíz

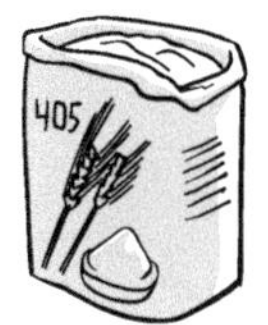

ម្សៅ

harina

នំគ្រួសង់

medialuna

នំប៉័ងម្យ៉ាងមូលតូចៗ

pancito

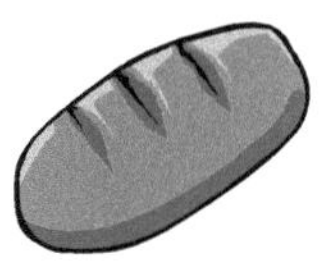

នំប៉័ង

pan

អាំង

tostada

នំបីស្គី

galletitas

ប៊ឺរ

manteca

ទឹកដោះខាប់

cuajada

នំខេក

torta

ស៊ុត

huevo

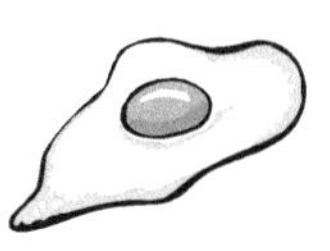

ស៊ុតចៀន

huevo frito

ឈីស

queso

ការ៉េម

helado

ស្ករ

azúcar

ទឹកឃ្មុំ

miel

ដំណាប់

mermelada

ក្រែមតាំងម៉ៃ

pasta de chocolate

ការី

curry

កសិដ្ឋាន
granja

ផ្ទះក្នុងកសិដ្ឋាន
granja

ជង្រុក
granero

ខ្សែចងចម្បើង
fardo de paja

វាលស្រែ
campo

សេះ
caballo

រថសណ្ដោង
remolque

ត្រាក់ទ័រ
tractor

កូនសេះ
potrillo

សត្វលា
burro

សត្វចៀម
oveja

កូនចៀម
cordero

ពពែ

cabra

គោញី

vaca

កូនគោ

ternero

ជ្រូក

cerdo

កូនជ្រូក

lechón

គោឈ្មោល

toro

សត្វក្ងាន

ganso

ទា

pato

កូនមាន់

pollo

មេមាន់

gallina

មាន់ឈ្មោល

gallo

កណ្តុរ

rata

ឆ្មា

gato

កណ្ដុរប្រមេះ

ratón

គោឈ្មោល

buey

ឆ្កែ

perro

ផ្ទះឆ្កែ

cucha

ទុយោទឹក

manguera

ធុងស្រោចទឹក

regadera

ខ្វវែបក

guadaña

នង្គ័ល

arado

កណ្ដៀវ

hoz

ចបកាប់

azada

រនាស់

horquilla

ពូថៅ

hacha

រទេះរុញ

carretilla

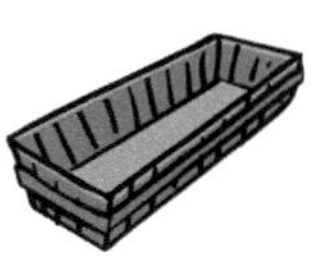

ស្នូក

abrevadero

កំប៉ុងទឹកដោះគោ

lechera

បាវ

bolsa

របង

reja

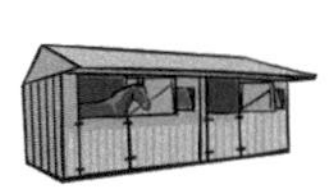

ក្រោល

establo

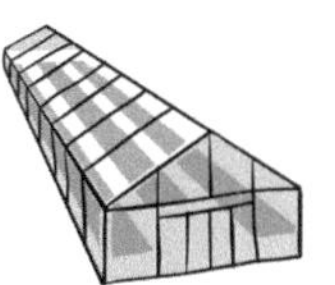

ផ្ទះកញ្ចក់

invernadero

ដី

suelo

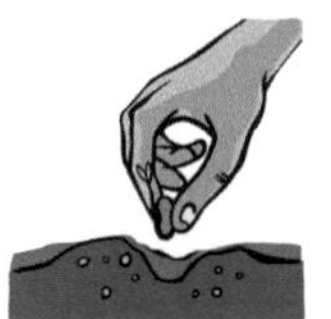

គ្រាប់ពូជ

semilla

ជី

fertilizador

ម៉ាស៊ីនប្រមូលផល

cosechadora

ប្រមូលផល

cosechar

ការប្រមូលផល

cosecha

ដំឡូងជ្វា

batatas

ស្រូវសាលី

trigo

សណ្ដែកសៀង

soja

ដំឡូងជ្វា

papa

ពោត

maíz

គ្រាប់ប្រេងរ៉េបៃ

semilla de colza

ដើមឈើហូបផ្លែ

árbol frutal

ដំឡូងមី

mandioca

ធញ្ញជាតិ

cereales

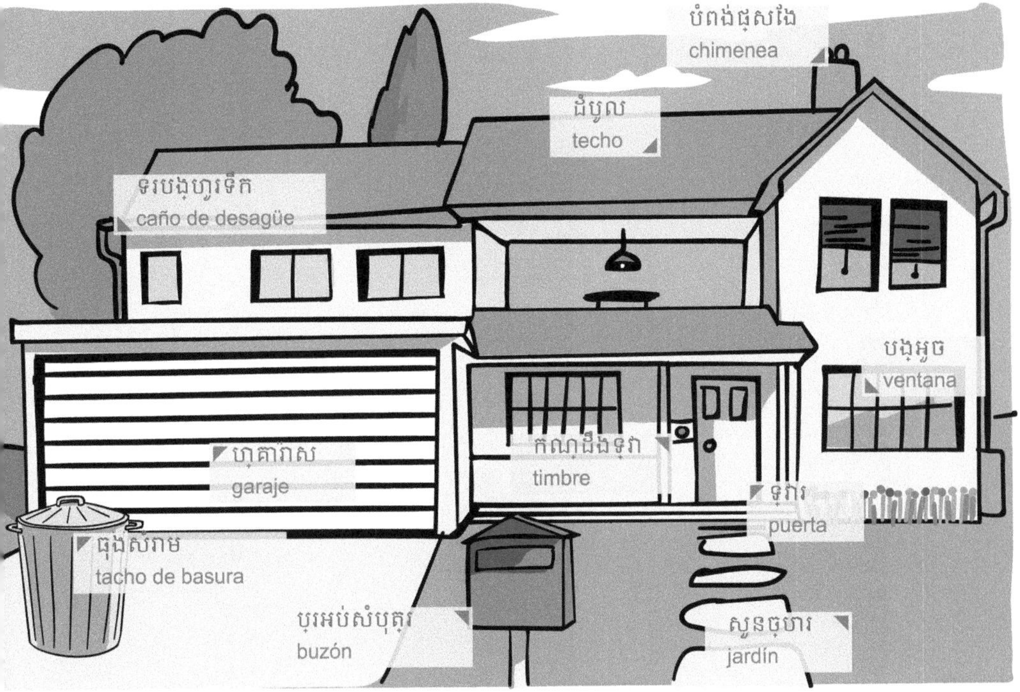

បំពង់ផ្សែង
chimenea

ដំបូល
techo

ទរបង្ហូរទឹក
caño de desagüe

បង្អួច
ventana

ហ្គារ៉ាស
garaje

កណ្ដឹងទ្វារ
timbre

ទ្វារ
puerta

ធុងសំរាម
tacho de basura

ប្រអប់សំបុត្រ
buzón

សួនច្បារ
jardín

បន្ទប់ទទួលភ្ញៀវ
....
living

បន្ទប់ទឹក
....
baño

ផ្ទះបាយ
....
cocina

បន្ទប់គេង
....
dormitorio

បន្ទប់របស់កុមារ
....
cuarto de los chicos

បន្ទប់ទទួលទានអាហារ
....
comedor

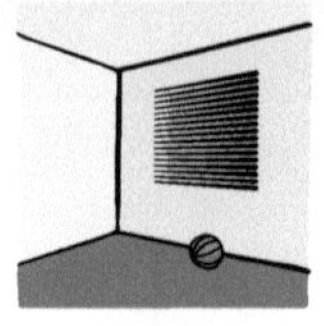

ជាន់

piso

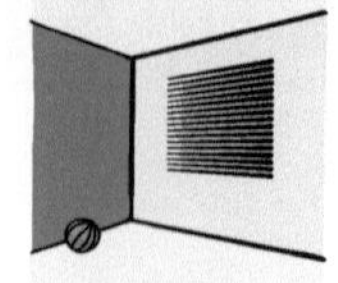

ជញ្ជាំង

pared

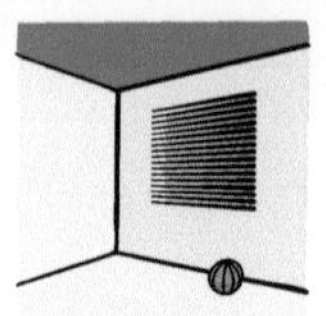

ពិដាន

cielorraso

បន្ទប់ក្រោមដី

sótano

សូណា

sauna

យ៉រ

balcón

ផ្ទៃរាបស្មើនៅជម្រាលភ្នំ

terraza

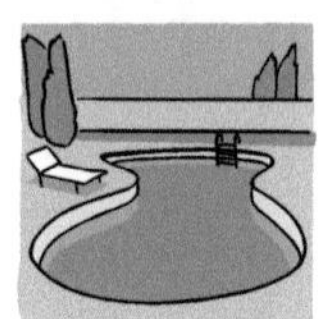

អាងហែលទឹក

pileta

ម៉ាសីនកាត់ស្មៅ

cortadora de pasto

សន្លឹក

sábana

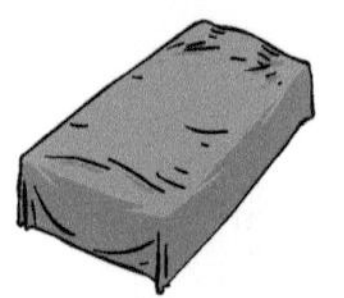

កម្រាលគ្រែកេ

acolchado

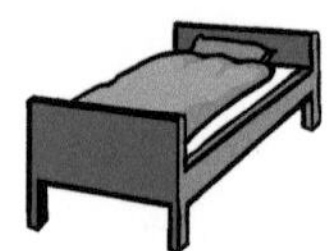

គ្រែ

cama

អំបោស

escoba

ធុង

balde

កុងតាក់

interruptor

បន្ទប់ទទួលភ្ញៀវ

living

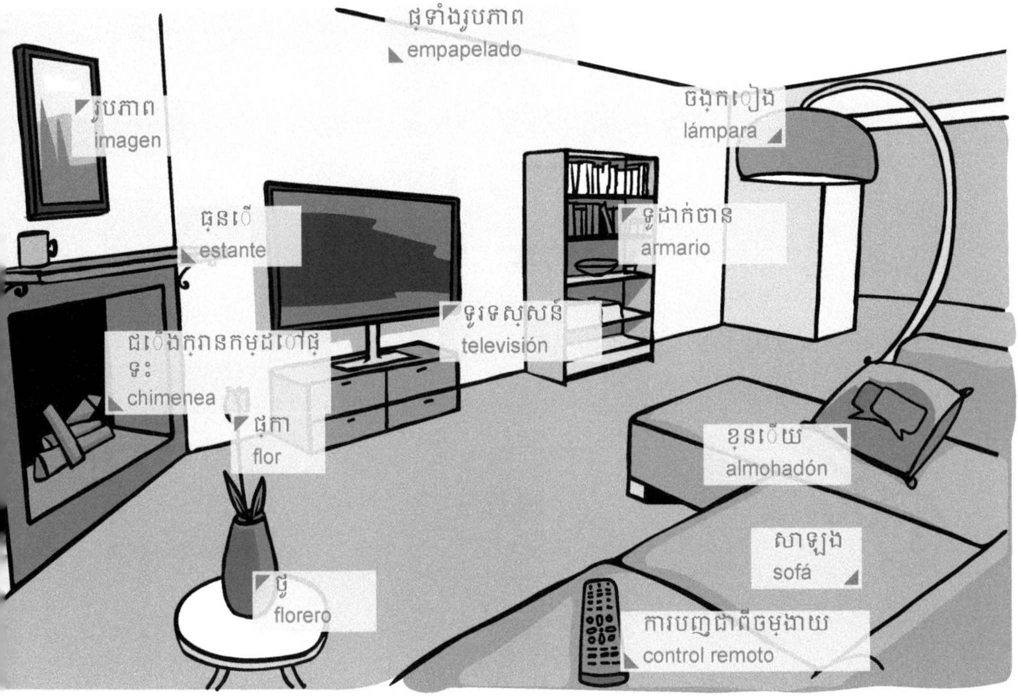

ផ្ទាំងរូបភាព
empapelado

រូបភាព
imagen

ចង្កៀង
lámpara

ធ្នើ
estante

ទូដាក់ចាន
armario

ទូរទស្សន៍
televisión

ជើងក្រានកម្ដៅផ្ទះ
chimenea

ផ្កា
flor

ខ្នើយ
almohadón

សាឡុង
sofá

ថូ
florero

ការបញ្ជាពីចម្ងាយ
control remoto

កម្រាលព្រំ
alfombra

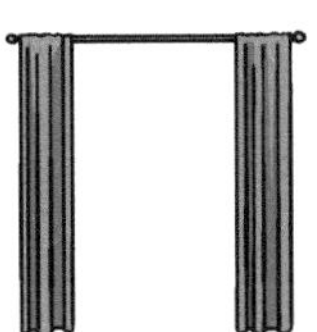

វាំងនន
cortina

តុ
mesa

កៅអី
silla

កៅអីប៉ាក់ប៉ើក
mecedora

កៅអីភ្នាក់ដៃ
sillón

សៀវភៅ

libro

ភួយ

frazada

ការតុបតែង

decoración

អុសដុត

leña

ខ្សែភាពយន្ត

película

ឧបករណ៍ Hi-Fi

equipo de música

កូនសោ

llave

កាសែត

diario

គំនូរ

pintura

ផ្ទាំងរូបភាព

póster

វិទ្យុ

radio

ណ្ហតផតែ

cuaderno

ម៉ាស៊ីនបូមធូលី

aspiradora

ដំបងយក្ស

cactus

ទៀន

vela

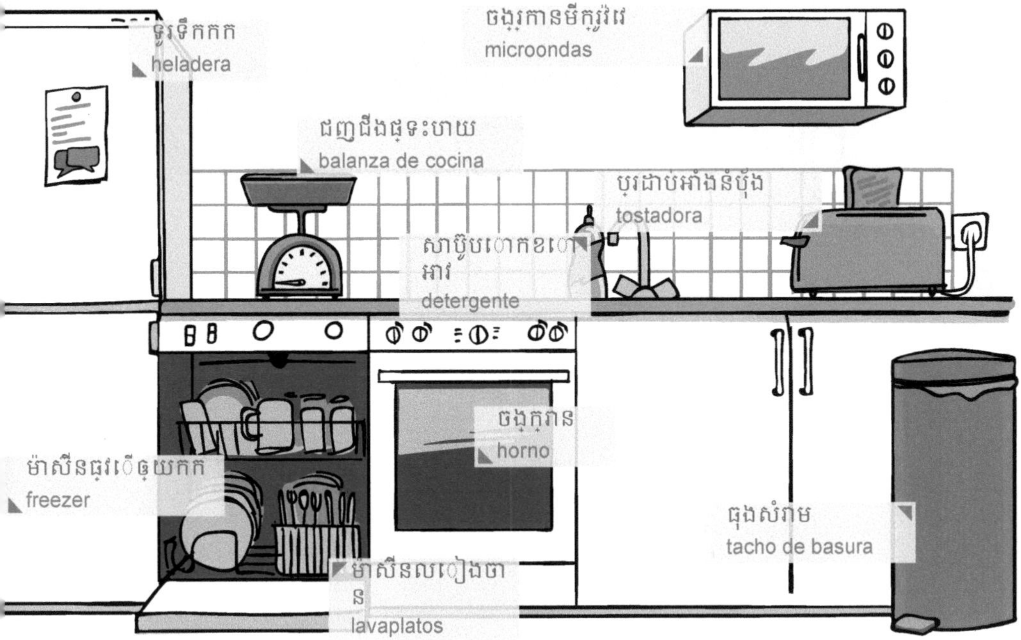

ទូរទឹកកក
heladera

ចង្ក្រានមីក្រូវេវ
microondas

ជញ្ជីងផ្ទះបាយ
balanza de cocina

ប្រដាប់អាំងនំប៉័ង
tostadora

សាប៊ូបោកខោអាវ
detergente

ចង្ក្រាន
horno

ម៉ាសីនធ្វើឲ្យកក
freezer

ធុងសំរាម
tacho de basura

ម៉ាសីនលៀងចាន
lavaplatos

ចង្ក្រាន
cocina

ឆ្នាំង
olla

ឆ្នាំងដែក
olla de hierro fundido

ខ្ទះ / ខ្ទះឥណ្ឌា
wok

ខ្ទះ
sartén

កំសៀវ
pava

ឆ្នាំងចំហុយ

vaporera

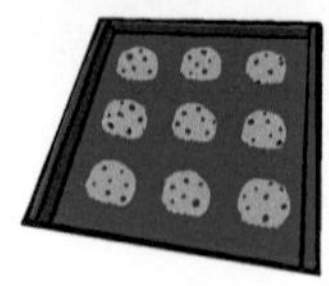

ថាសដុតនំ

bandeja de horno

គ្រឿងចានឆ្នាំងដី

vajilla

ថូ

taza

ចានគោម

bol

ចង្កឹះ

palitos

វែកសម្ល

cucharón

វែកកូរ

estpátula

ប្រដាប់វាយក្រឡុក

batidora

តម្រង

colador

កន្ត្រង

colador

ប្រដាប់កោសដូង

rallador

ត្បាល់

mortero

ការអាំងសាច់

parrilla

ចង្ក្រានចំហ

fogata

ជុរញ់

tabla de picar

បុរដាប់កិនមូរ

palo de amasar

បុរដាប់មូរបេើកឆុនុកសុរា

sacacorchos

កំប៉ុង

lata

បុរដាប់បេើកកំប៉ុង

abrelatas

កុរណាត់ទុរាប់ឆុនាំង

manopla

កនុលងៃលាងចាន

pileta

ជក់

cepillo

អប៉េុង

esponja

ម៉ាសីនកុរឡុក

batidora

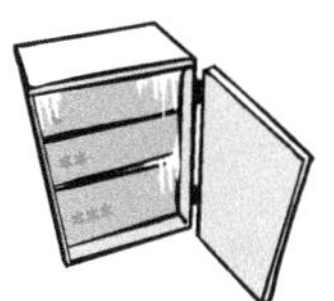

ទូរទឹកកកខុនាតតូច

congelador

ដបទឹកដោះគោ

mamadera

រ៉ូប៊ីណេ

canilla

បន្ទប់ទឹក

baño

កម្ដៅ
calefacción

ផ្កាឈូក
ducha

កន្សែង
toalla

វាំងននងូតទឹកផ្កាឈូក
cortina de ducha

ការងូតទឹកពពុះ
baño de espuma

អាងងូតទឹក
bañadera

ម៉ាស៊ីនបោកគក់
lavarropas

កែវ
vaso

រ៉ូប៊ីណេ
canilla

ក្រឡាក្បឿង
baldosas

ចានបង្គន់
pelela

កន្លែងលាងចាន
pileta

បង្គន់
inodoro

បង្គន់អង្គុយ

letrina

ផើងជម្រះកាយ
bidé

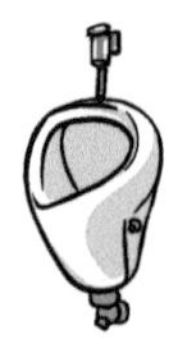

កុលាំទឹកនោម
mingitorio

ក្រដាសបង្គន់
papel higiénico

ច្រាសដុសបង្គន់ន
cepillo para el inodoro

ច្រាសដុសធ្មេញ

cepillo de dientes

ថ្នាំដុសធ្មេញ

dentífrico

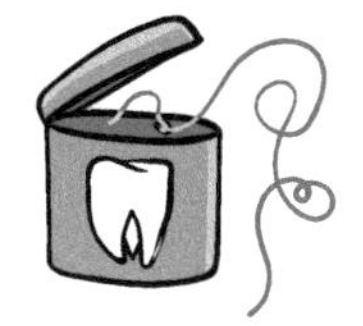

ខ្សទោក់សម្អាតធ្មេញ

hilo dental

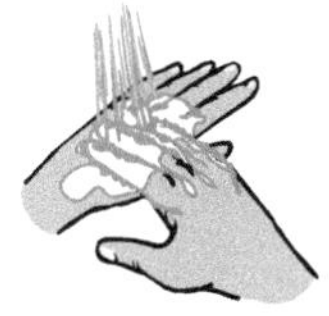

លាង

lavar

ប្រដាប់ដាក់ដៃផ្កាឈូក

ducha de mano

ទឹកថ្នាំសម្រាប់ហាញ់លាង

ducha higiénica

អាង

palangana

ច្រាសដុសខ្នង

cepillo para espalda

សាប៊ូ

jabón

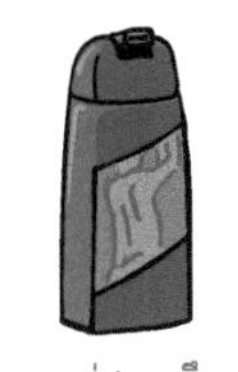

លែសម្រាប់ងូតទឹកផ្កាឈូក

gel de ducha

សាប៊ូ

shampoo

សក្លាត

toallita

បំពង់បង្ហូរទឹក

desagüe

ក្រមែ

crema

ថ្នាំបំហាត់ក្លិនអាក្រក់

desodorante

កញ្ចក់

espejo

កញ្ចក់ដៃ

espejito

ប្រដាប់កោរ

maquinita de afeitar

ហ្វូមកោរពុកមាត់

espuma de afeitar

ទឹកលាងក្រោយកោរពុកមាត់រួច

aftershave

ក្រាស

peine

ជក់

cepillo

ប្រដាប់សម្ងួតសក់

secador de pelo

ស្ព្រាយហាញ់សក់

spray

ការតុបតែងមុខ

maquillaje

ក្រមែលាបមាត់

lápiz de labios

ថ្នាំលាបក្រចក

esmalte para uñas

រោមកប្បាស

algodón

កន្ត្រៃកាត់ក្រចក

tijera para uñas

ទឹកអប់

perfume

កាបូបបោកគក់

portacosméticos

លាមក

banqueta

ជញ្ជីងថ្លឹងទម្ងន់

balanza

អាវពាក់ងូតទឹក

bata

ស្រោមដៃកៅស៊ូ

guantes de goma

ឆ្នុក

tampón

កន្សែងអនាម័យ

toallita femenina

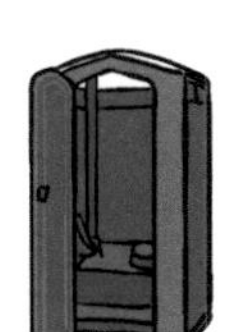

បង្គន់គីមី

baño químico

បន្ទប់របស់កុមារ

cuarto de los chicos

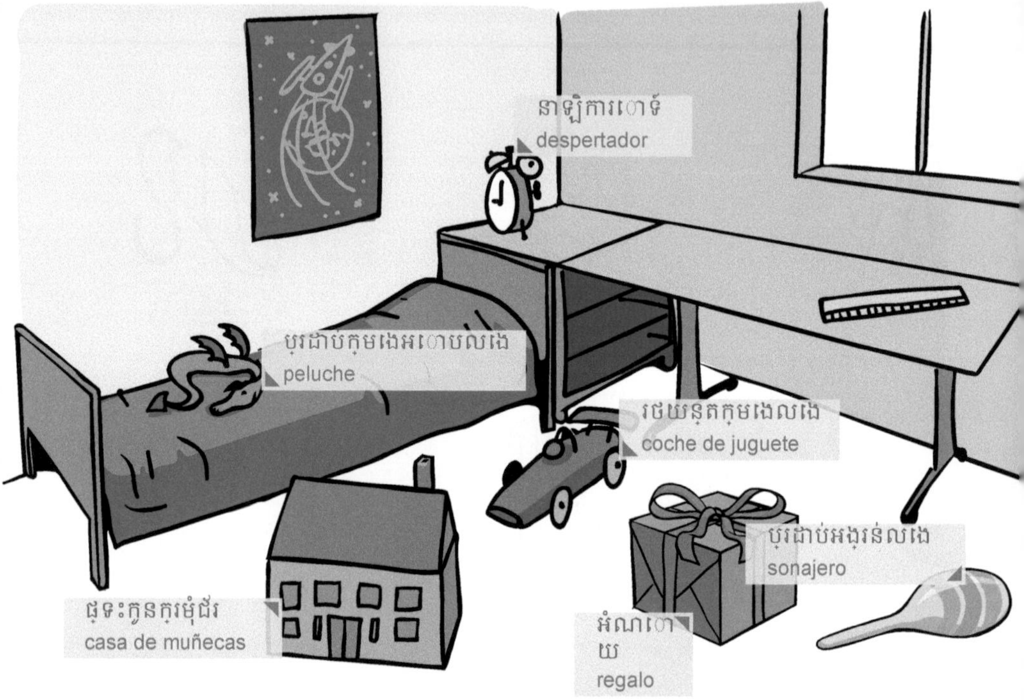

នាឡិការោទ៍
despertador
ប្រដាប់ក្មេងអោបលេង
peluche
រថយន្តក្មេងលេង
coche de juguete
ប្រដាប់អង្រន់លេង
sonajero
ផ្ទះកូនក្រមុំជ័រ
casa de muñecas
អំណោយ
regalo

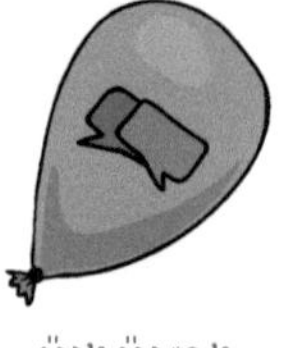

ប៉េងប៉ោង

globo

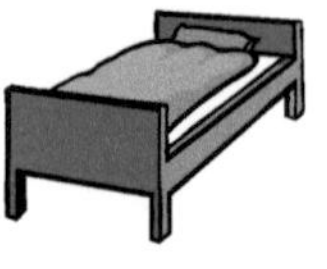

គ្រែ

cama

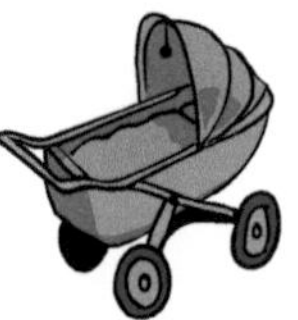

រទេះរុញទារក

cochecito

ហ៊ូបៀ

cartas

រូបផ្គុំ

rompecabezas

SUPER
MEGA

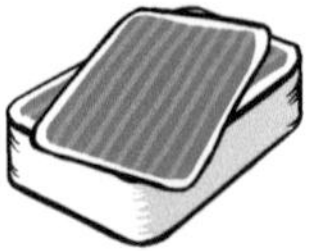

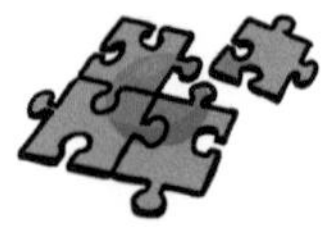

កំប្លែង

historieta

ឥដ្ឋ Lego

piezas de lego

ប្លុកប្រដាប់ក្មេងលេង

ladrillos de juguete

តួលេខសកម្មភាព

figura de acción

ខោអាវទារក

enterito (de bebé)

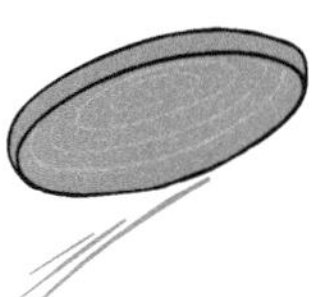

ការគប់ថាស

frisbee

ទូរស័ព្ទដៃ

móvil para bebés

ក្តារល្បែង

juego de mesa

គ្រាប់ឡុកឡាក់

dados

ឈុតរថភ្លើងគំរូ

tren eléctrico

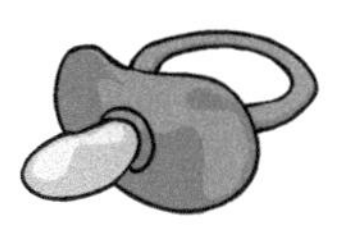

រូបសំណាក

chupete

គណបក្ស

fiesta

សៀវភៅរូបភាព

libro de cuentos ilustrado

ហាល់

pelota

កូនក្រមុំតុក្កតា

muñeca

លេង

jugar

រណ្ដៅខ្សាច់

arenero

ទោង

hamaca

ប្រដាប់ក្មេងលេង

juguetes

កុងសូលវីដេអូហ្គេម

consola de videojuegos

ត្រីចក្រយានយន្ត

triciclo

តុក្កតាខ្លាឃ្មុំ

osito de peluche

ទូខោអាវ

armario

សម្លៀកបំពាក់

ropa

ស្រោមជើង

medias

ស្រោមជើងវែង

medias panty

ខោទ្រនាប់នារី

calzas

ក្រម៉ា
bufanda
ឆត្រ
paraguas
អាវយឺត
remera
ខ្សែក្រវាត់
cinturón
ស្បែកជើងកវែង
botas
ស្បែកជើងពាក់នៅផ្ទះ
pantuflas
ស្បែកជើងប៉ាតា
zapatillas
ស្បែកជើងសង្រែក
sandalias
ស្បែកជើង
zapatos
ស្បែកជើងកវែងកៅស៊ូ
botas de goma
ខោទ្រនាប់បុរស
ropa interior
អាវទ្រនាប់
corpiño
អាវកាក់
chaleco

រាងកាយ

body

ខោវវែង

pantalones

ខោខូវប៊យ

jeans

សំពត់

pollera

អាវក្រៅ

blusa

អាវ

camisa

អាវយឺត

pulóver

អាវយឺត

buzo

អាវធំ

blazer

អាវក្រៅ

campera

អាវធំ

tapado

អាវភ្លៀង

piloto

គ្រឿងតវែង

traje

អាវវែង

vestido

សំលៀកបំពាក់អាពាហ៍ពិពាហ៍

vestido de novia

ខោអាវឈុត

traje

រ៉ូបរាត្រី

camisón

ឈុតគេង

pijama

សារី

sari

កន្សែងជូតក្បាល

pañuelo para cabeza

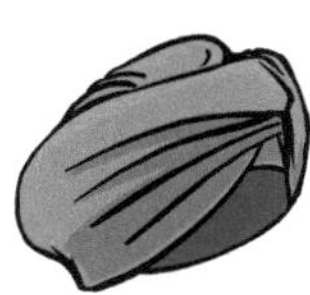

ឈ្នួត

turbante

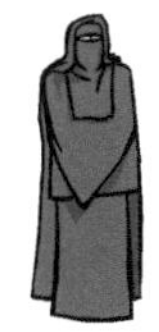

ស្បៃមុខ

burka

kaftan

caftán

abaya

abaya

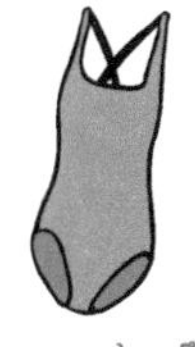

ឈុតហែលទឹក

traje de baño

ខោខ្លី

short de baño

ខោខ្លី

shorts

ឈុតហាត់កីឡា

jogging

អាវអៀម

delantal

ស្រោមដៃ

guantes

ឡេវអាវ

botón

វ៉ែនតា

anteojos

ខ្សែដៃ

pulsera

ខ្សែក

collar

ចិញ្ចៀន

anillo

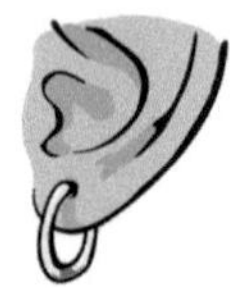

ក្រវិល

aro

មួក

gorra

ប្រដាប់ព្យួរអាវក្រៅ

percha

មួក

sombrero

ក្រវ៉ាត់ក

corbata

រ៉ូត

cierre

មួកសុវត្ថិភាព

casco

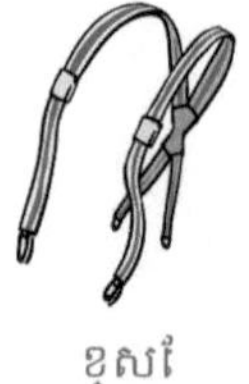

ខ្សៃ

tiradores

ឯកសណ្ឋានសាលា

uniforme escolar

ឯកសណ្ឋាន

uniforme

អៀមទារក
....
babero

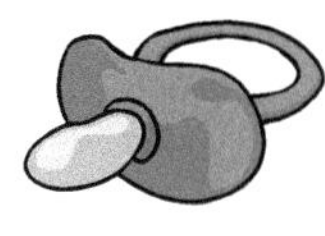

រូបសំណាក
....
chupete

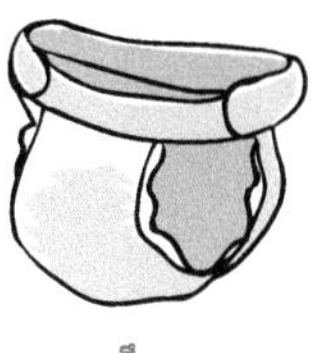

ខោទឹកនោម
....
pañal

ការិយាល័យ
oficina

ម៉ាស៊ីនមេ
servidor

ទូឯកសារ
archivero

ម៉ាស៊ីនបោះពុម្ព
impresora

ក្រដាស
papel

ម៉ូនីទ័រ
monitor

តុការិយាល័យ
escritorio

កណ្ដុរ
mouse

ស៊ីមី
carpeta

ក្ដារចុច
teclado

កន្ត្រកដាក់សំរាមក្រដាស
tacho (de basura)

កុំព្យូទ័រ
computadora

កៅអី
silla

កែវកាហ្វេ
....
taza de café

ម៉ាស៊ីនគិតលេខ
....
calculadora

អ៊ីនធឺណិត
....
internet

កុំព្យូទ័រយួរដៃ

laptop

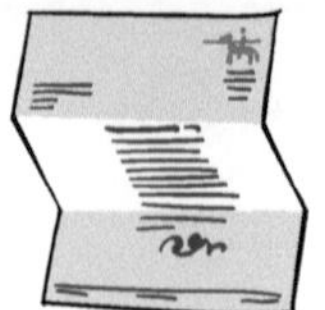

លិខិត

carta

សារ

mensaje

ទូរស័ព្ទដៃ

celular

បណ្ដាញ

red

ម៉ាស៊ីនថតចម្លង

fotocopiadora

សូហ្វវែរ

software

ទូរស័ព្ទ

teléfono

រន្ធដោត

tomacorriente

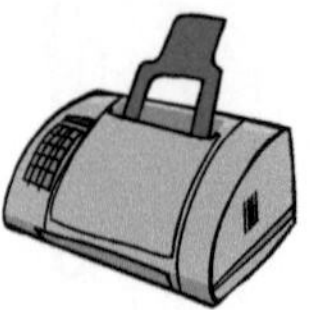

ម៉ាស៊ីនទូរសារ

fax

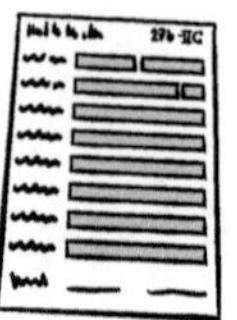

ទម្រង់បែបបទ

formulario

ឯកសារ

documento

សេដ្ឋកិច្ច
economía

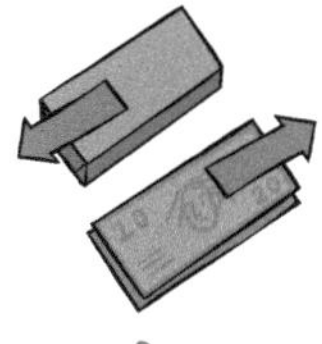
ទិញ
comprar

បង់ប្រាក់
pagar

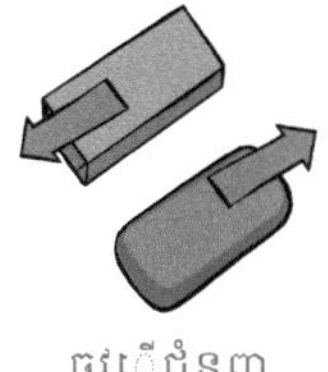
ធ្វើជំនួញ
hacer negocios

លុយ
dinero

ប្រាក់ដុល្លារ
dólar

ប្រាក់អឺរ៉ូ
euro

ប្រាក់យ៉េន
yen

ប្រាក់រ៉ូប៊ិល
rublo

ហ្វ្រង់ស្វីស
franco suizo

ប្រាក់យ័ន
yuan

ប្រាក់រូពី
rupia

កន្លែងប្រើសាច់ប្រាក់
cajero automático

ការិយាល័យប្តូរប្រាក់

casa de cambio

មាស

oro

ប្រាក់

plata

ប្រេង

petróleo

ថាមពល

energía

តម្លៃ

precio

កិច្ចសន្យា

contrato

ពន្ធ

impuesto

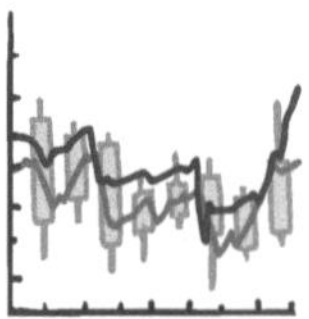

ភាគហ៊ុន

acción

ធ្វើការ

trabajar

បុគ្គលិក

empleado

និយោជក

empleador

រោងចក្រ

fábrica

ហាង

negocio

មន្ត្រីប៉ូលិស
policía

អ្នកពន្លត់អគ្គិភ័យ
bombero

ចុងភៅ
cocinero

វេជ្ជបណ្ឌិត
médico

អ្នកបើកយន្តហោះ
piloto

អ្នកថែសួន
....
jardinero

ជាងឈើ
....
carpintero

ជាងកាត់ដេរ
....
modista

ចៅក្រម
....
juez

គីមីវិទូ
....
farmacéutico

តួកុន
....
actor

អ្នកបើកឡានក្រុង

colectivero

អ្នកបើកតាក់ស៊ី

taxista

អ្នកនេសាទ

pescador

ស្ត្រីអ្នកសម្អាត

mucama

ជាងដំបូល

techista

អ្នករត់តុ

mozo

អ្នកបរបាញ់សត្វ

cazador

វិចិត្រករ

pintor

អ្នកដុតនំ

panadero

ជាងអគ្គីសនី

electricista

ជាងសំណង់

albañil

វិស្វករ

ingeniero

អ្នកកាប់សាច់

carnicero

ជាងជួសជុលទុយោទឹក

plomero

អ្នករត់សំបុត្រ

cartero

ទាហាន

soldado

ស្ថាបត្យករ

arquitecto

បេឡា

cajero

អ្នកលក់ផ្កា

florista

អ្នកអ៊ុតសក់

peluquero

អ្នកយកលុយ

cobrador

ជាងម៉ាស៊ីន

mecánico

កាពីទែន

capitán

ពេទ្យធ្មេញ

dentista

អ្នកវិទ្យាសាស្ត្រ

científico

គ្រូបង្រៀនច្បាប់សញ្ជាតិ
ជ្វីហ្វ

rabino

លោកសង្ឃចាម

imán

ព្រះសង្ឃ

monje

បព្វជិត

sacerdote

ឧបករណ៍

herramientas

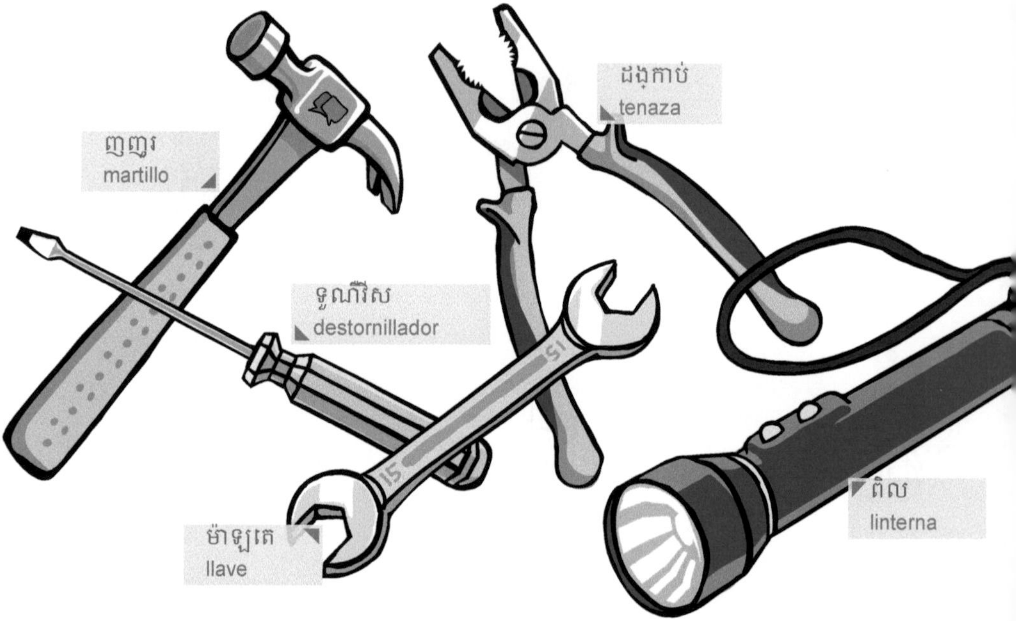

ញញួរ
martillo

ដង្កាប់
tenaza

ទួណឺវីស
destornillador

ម៉ាឡេត
llave

ពិល
linterna

ម៉ាស៊ីនជីក
excavadora

ប្រអប់ឧបករណ៍
caja de herramientas

ជណ្តើរ
escalera portátil

រណារ
sierra

ដែកគោល
clavos

ប្រដាប់ស្វាន
taladro

ជួសជុល

arreglar

ប៉ែល

pala de jardín

ចង្រៃ!

¡Qué bronca!

ប្រដាប់ចូកធូលី

pala de plástico

ធុងថ្នាំពណ៌

tacho de pintura

វីស

tornillos

ឧបករណ៍តន្ត្រី
instrumentos musicales

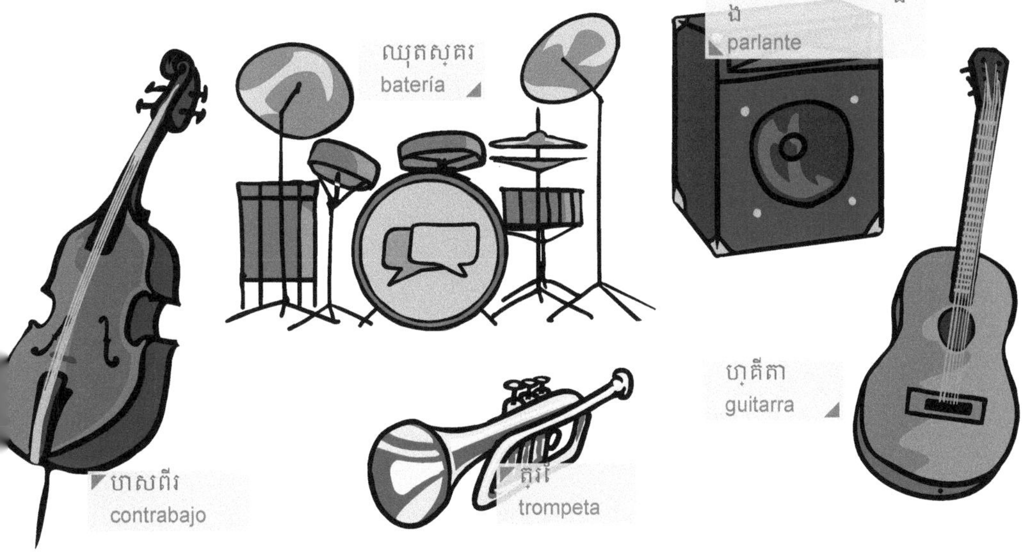

ឈុតស្គរ
batería

ឧបករណ៍បំពងសំឡេង
parlante

ហាសពីរ
contrabajo

ត្រែ
trompeta

ហ្គីតា
guitarra

ព្យាណូ

piano

វីយូឡុង

violín

បាស

bajo

ស្គរពាសស្បែកម្យ៉ាង

timbales

ស្គរ

tambor

ឃីបត

teclado

សាក់សូហ្វូន

saxofón

ខ្លុយ

flauta

មីក្រូហ្វូន

micrófono

សួនសត្វ

zoológico

សត្វខ្លា
tigre

ទ្រុង
jaula

សេះបង្កង់
cebra

ការឱ្យចំណីសត្វ
alimento para animales

ខ្លាឃ្មុំផេនដា
oso panda

ច្រកចូល
entrada

សត្វ
....
animales

សត្វដំរី
....
elefante

សត្វកង់ហ្គារូ
....
canguro

សត្វរមាស
....
rinoceronte

សត្វស្វាហ្គ័រីឡា
....
gorila

ខ្លាឃ្មុំពណ៌ត្នោត
....
oso

សត្វអូដ្ឋ

camello

សត្វអូទ្រីស

avestruz

សត្វតោ

león

ស្វា

mono

សត្វក្រៀល

flamenco

សេក

loro

ខ្លាឃ្មុំតំបន់ប៉ូល

oso polar

ផេនឃ្វីន

pingüino

ត្រីឆ្លាម

tiburón

ក្ងោក

pavo real

សត្វពស់

serpiente

ក្រពើ

cocodrilo

អ្នករក្សាសួនសត្វ

cuidador del zoológico

ឆ្មាទឹក

foca

ខ្លារខិនម្យ៉ាង

jaguar

កូនសេះ

poni

ខ្លារខិន

leopardo

សត្វដំរីទឹក

hipopótamo

សត្វកវែង

jirafa

ឥន្ទ្រី

águila

ជ្រូក

jabalí

ត្រី

pescado

អណ្តើក

tortuga

លោមមច្ឆា

morsa

កញ្ជ្រោង

zorro

ក្ដាន់

gacela

កីឡា

deportes

កីឡាបាល់ទាត់អាមេរិក
fútbol americano
ការប្រណាំងកង់
ciclismo
កីឡាថេនិស
tenis
កីឡាបាល់បោះ
básquet
កីឡាហែលទឹក
natación
កីឡាប្រដាល់
boxeo
កីឡាវាយកូនបាល់លើទឹកកក
hockey sobre hielo
កីឡាបាល់ទាត់
fútbol
កីឡាវាយសី
bádminton
អត្តពលកម្ម
atletismo
កីឡាបាល់កាន់
handball
ការជិះស្គី
esquí
ប៉ូឡូ
polo

សកម្មភាពនានា

actividades

មាន

tener

ធ្វើ

hacer

គឺ

ser

ឈរ

estar parado

រត់

correr

ទាញ

tirar

បោះ

tirar

ធ្លាក់

caer

កុហក

estar acostado

រង់ចាំ

esperar

យួរ

llevar

អង្គុយ

estar sentado

ស្លៀកពាក់

vestirse

ដេក

dormir

ភ្ញាក់ឡើង

despertar

មើល

mirar

យំ

llorar

គូសវាស

acariciar

សិតសក់

peinar

និយាយ

hablar

យល់

entender

សួរ

preguntar

ស្ដាប់

escuchar

ផឹក

beber

បរិភោគ

comer

សម្អាត

ordenar

ស្រលាញ់

amar

ចម្អិន

cocinar

បើកបរ

manejar

ហោះ

volar

ចកែទូក

navegar

គណនា

calcular

អាន

leer

រៀន

aprender

ធ្វើការ

trabajar

រៀបការ

casarse

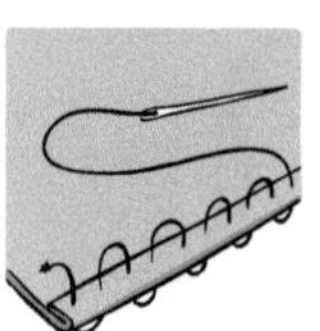

ដេរ

coser

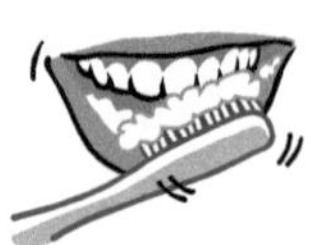

ដុសធ្មេញ

cepillarse los dientes

សម្លាប់

matar

ជក់

fumar

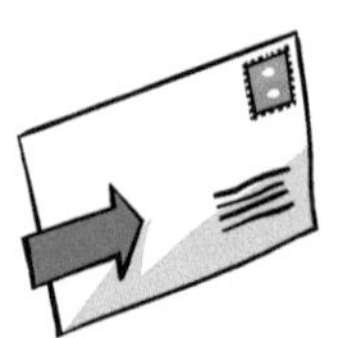

ផ្ញើ

enviar

ក្រុមគ្រួសារ

familia

ជីដូន
abuela

ជីតា
abuelo

ឪពុក
padre

ម្តាយ
madre

ទារក
bebé

កូនស្រី
hija

កូនប្រុស
hijo

ភ្ញៀវ
invitado

មីង
tía

ពូ
tío

បងប្អូនប្រុស
hermano

បងប្អូនស្រី
hermana

រាងកាយ

cuerpo

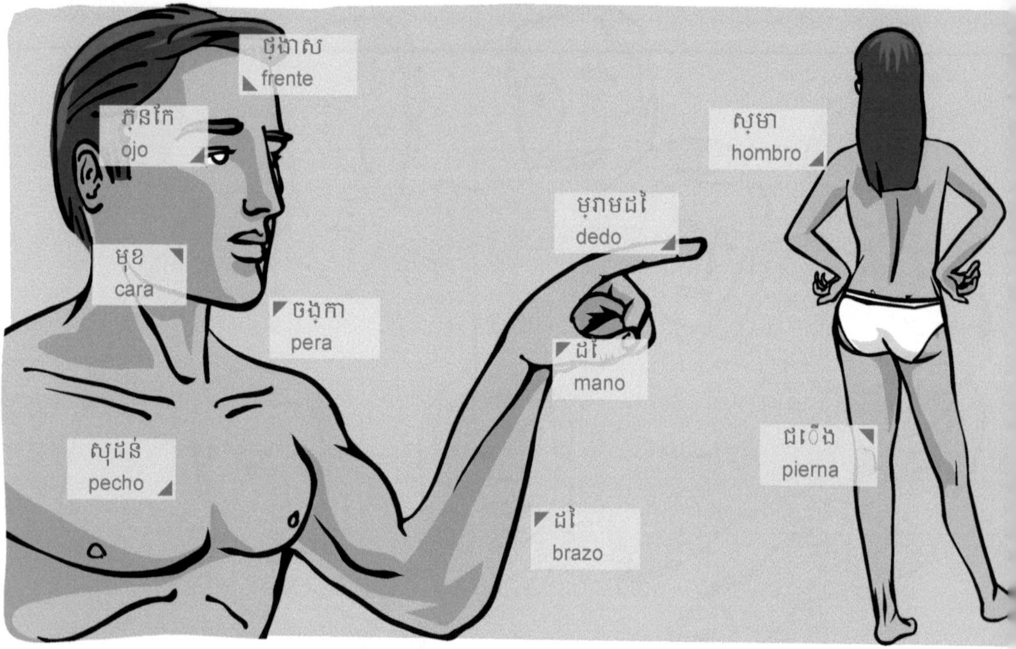

ថ្ងាស
frente

ភ្នែក
ojo

ស្មា
hombro

ម្រាមដៃ
dedo

មុខ
cara

ចង្កា
pera

ដៃ
mano

ជើង
pierna

សុដន់
pecho

ដៃ
brazo

ទារក

bebé

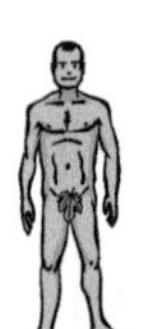

បុរស

hombre

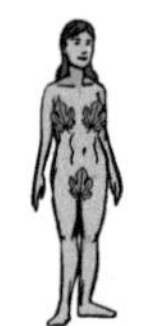

ស្ត្រី

mujer

ក្មេងស្រី

nena

ក្មេងប្រុស

nene

ក្បាល

cabeza

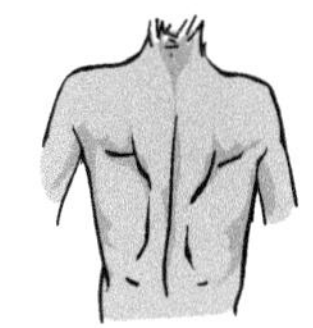

ខ្នង

espalda

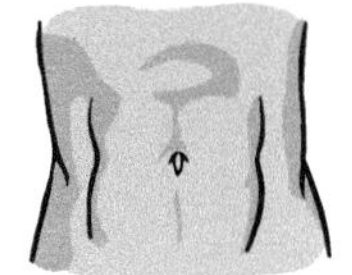

ពោះ

panza

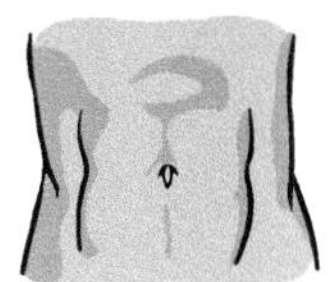

ផ្ចិត

ombligo

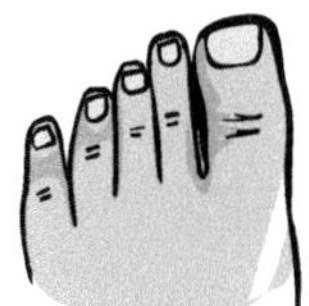

ម្រាមជើង

dedo del pie

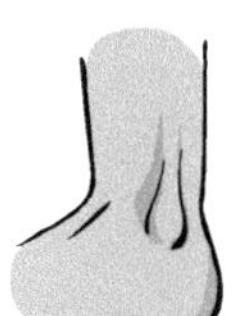

កែងជើង

talón

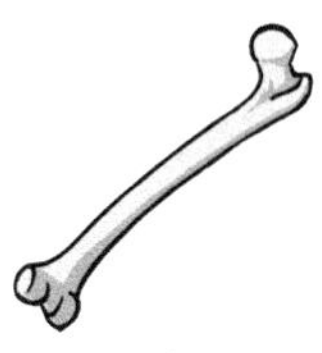

ឆ្អឹង

hueso

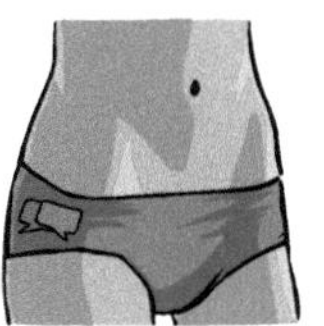

ត្រគាក

cadera

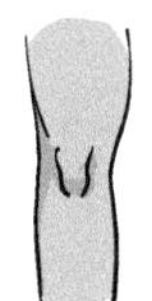

ជង្គង់

rodilla

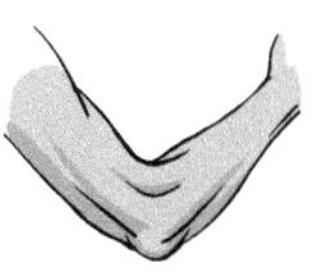

កែងដៃ

codo

ច្រមុះ

nariz

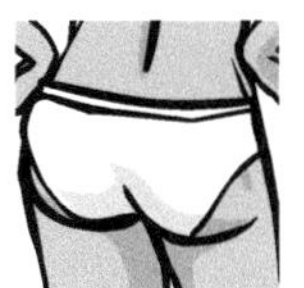

គូទ

cola

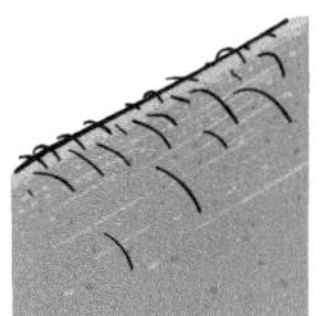

ស្បែក

piel

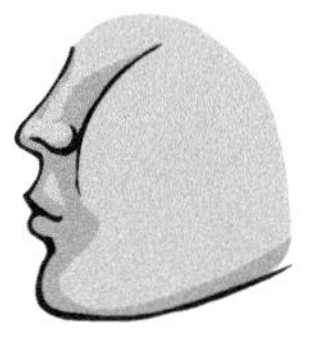

ថ្ពាល់

cachete

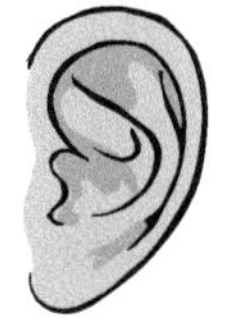

ត្រចៀក

oreja

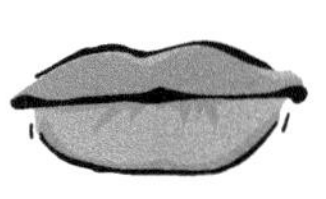

បបូរមាត់

labio

មាត់

boca

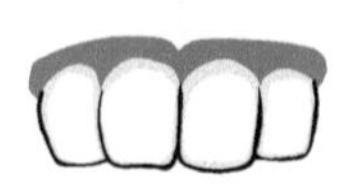

ធ្មេញ

diente

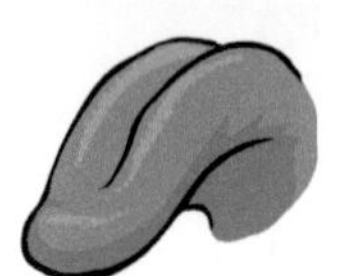

អណ្តាត

lengua

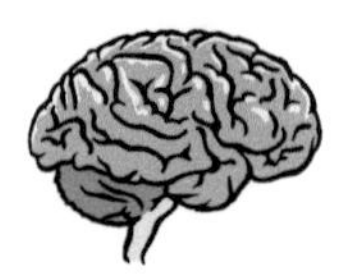

ខួរក្បាល

cerebro

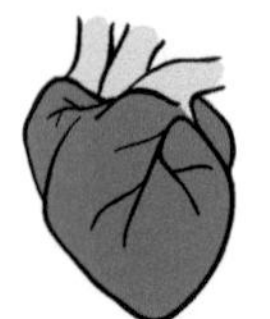

បេះដូង

corazón

សាច់ដុំ

músculo

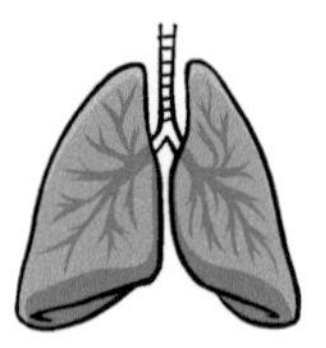

សួត

pulmón

ថ្លើម

hígado

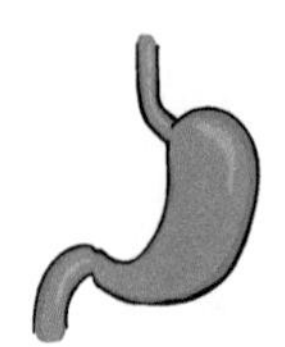

ក្រពះ

estómago

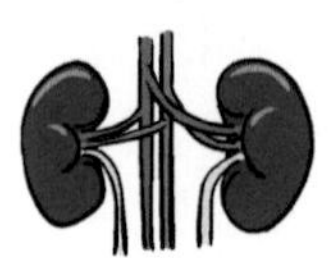

តម្រងនោម

riñones

ការរួមភេទ

sexo

ស្រោមអនាម័យ

preservativo

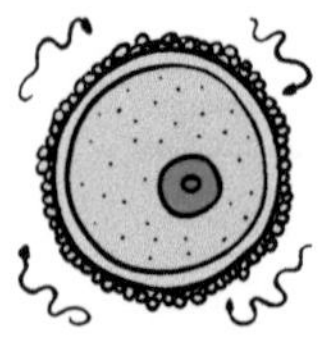

អូវុល

óvulo

ទឹកកាម

semen

ការមានផ្ទៃពោះ

embarazo

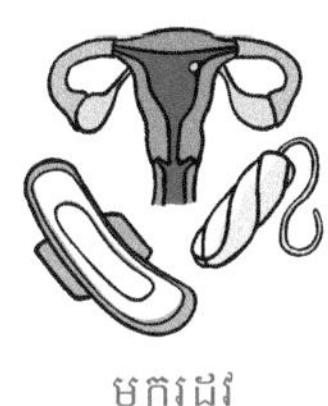

មករដូវ

....

menstruación

ទ្វារមាស

....

vagina

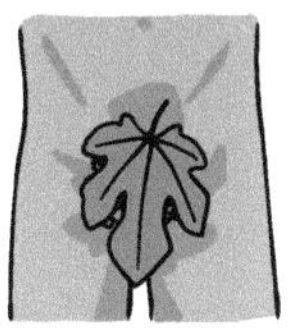

លិង្គ

....

pene

ចិញ្ចើម

....

ceja

សក់

....

pelo

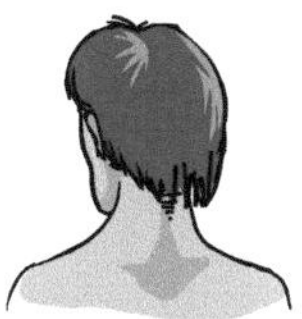

ក

....

cuello

មន្ទីរពេទ្យ

hospital

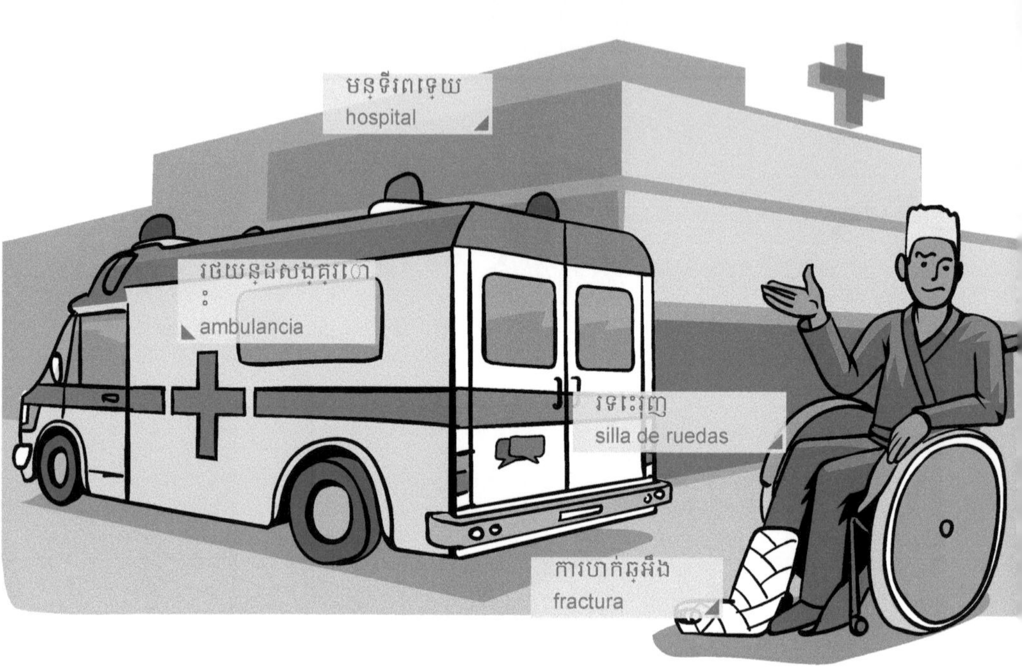

មន្ទីរពេទ្យ
hospital

រថយន្តសង្គ្រោះ
ambulancia

រទេះរុញ
silla de ruedas

ការបាក់ឆ្អឹង
fractura

វេជ្ជបណ្ឌិត

médico

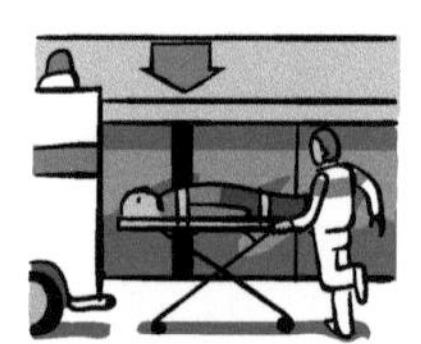

បន្ទប់សង្គ្រោះបន្ទាន់

sala de guardia

គិលានុបដ្ឋាយិកា

enfermera

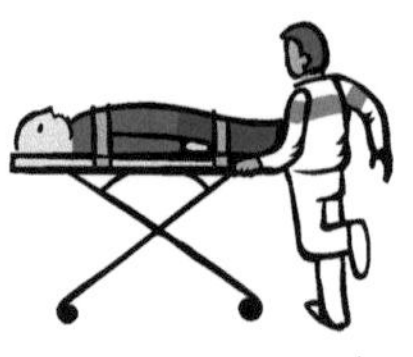

សង្គ្រោះបន្ទាន់

emergencia

សន្លប់

inconsciente

ការឈឺចាប់

dolor

ការរងរបួស

lesión

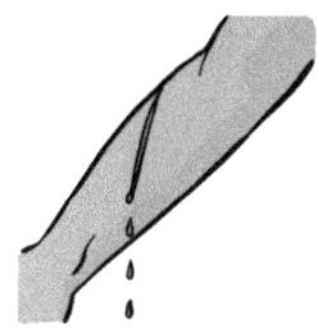

ការហូរឈាម

hemorragia

គាំងបេះដូង

infarto

ម្ងឺដាច់សរសៃឈាមក្នុងក្បាល

ACV

អាលែកហ្ស៊ី

alergia

ក្អក

tos

ជំងឺគ្រុន

fiebre

ជំងឺផ្តាសាយ

gripe

ជំងឺរាគរូស

diarrea

ឈឺក្បាល

dolor de cabeza

ជំងឺមហារីក

cáncer

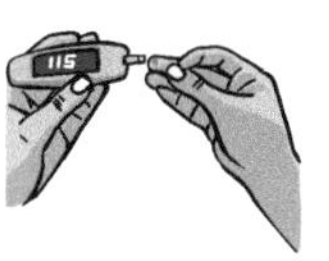

ជំងឺទឹកនោមផ្អែម

diabetes

គ្រូពេទ្យវះកាត់

cirujano

កាំបិតវះកាត់

bisturí

ប្រតិបត្តិការ

operación

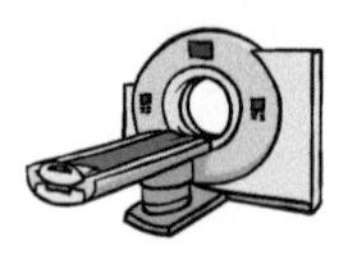

CT

TC

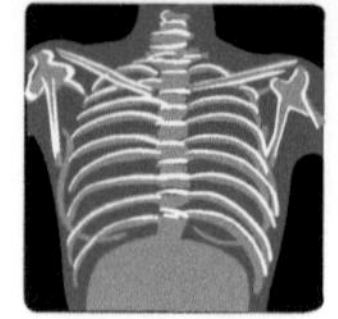

កាំរស្មីអិច

rayos x

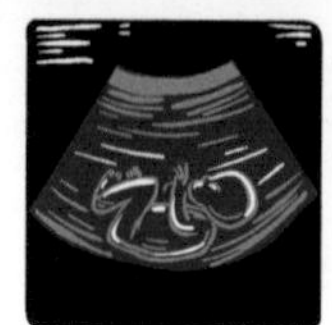

អេកូ

ecografía

របាំងមុខ

barbijo

ជំងឺ

enfermedad

រង់ចាំបន្ទប់

sala de espera

ឈើច្រត់

muleta

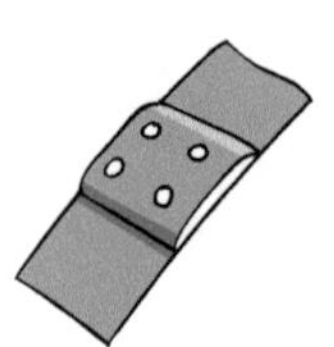

ម្នាងសិលា

curita

បង់រុំ

venda

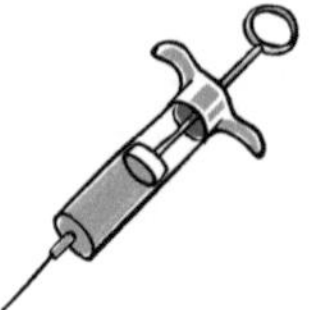

ការចាក់ថ្នាំ

inyección

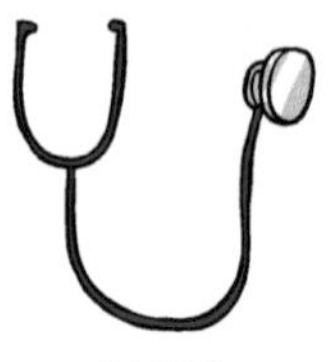

ស្ដេតូ

estetoscopio

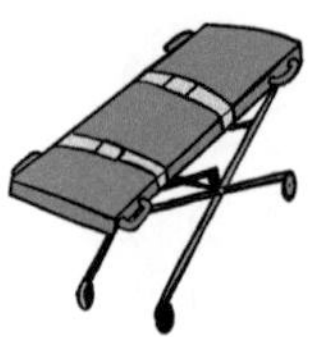

ស្នែងរបួស

camilla

ទែរម៉ូម៉ែត្រព្យាបាល

termómetro

កំណើត

nacimiento

លើសទម្ងន់

sobrepeso

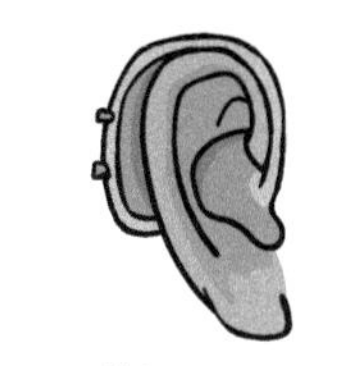

ឧបករណ៍ជំនួយការស្ដាប់

audífono

សារធាតុសម្លាប់មេរោគ

desinfectante

ការឆ្លងមេរោគ

infección

មេរោគ

virus

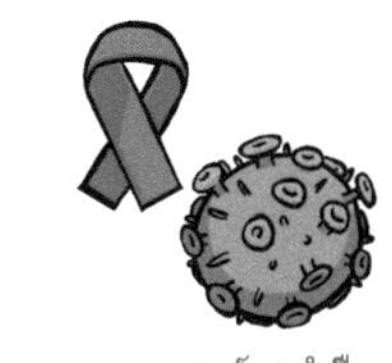

មេរោគអេដស៍ / ជំងឺអេដស៍

VIH / SIDA

ថ្នាំពេទ្យ

remedio

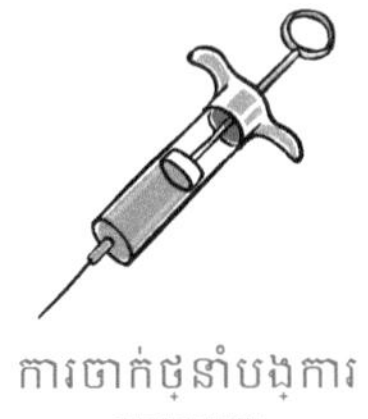

ការចាក់ថ្នាំបង្ការ

vacunación

ថេប្លេត

comprimidos

ថ្នាំគ្រាប់

pastilla anticonceptiva

ការហៅពេលអាសន្ន

llamada de emergencia

ឧបករណ៍ពិនិត្យសម្ពាធឈាម

tensiómetro

ឈឺ / មានសុខភាពល្អ

enfermo / sano

សង្គ្រោះបន្ទាន់

emergencia

ជំនួយ!

¡Ayuda!

សំឡេងរោទ៍

alarma

ការវាយលុក

agresión

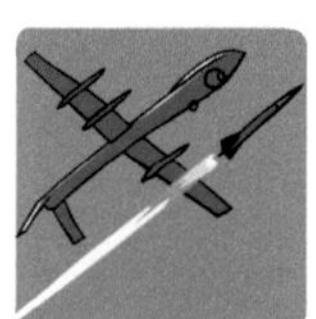

ការវាយប្រហារ

ataque

គ្រោះថ្នាក់

peligro

ច្រកចេញគ្រាអាសន្ន

salida de emergencia

អគ្គីភ័យ!

¡Fuego!

បំពង់ពន្លត់អគ្គិភ័យ

matafuego

គ្រោះថ្នាក់

accidente

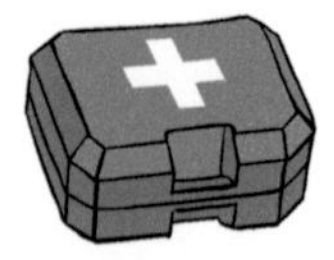

ឧបករណ៍ជំនួយបឋម

botiquín de primeros auxilios

SOS

SOS

ប៉ូលិស

policía

ផែនដី
Tierra

អឺរ៉ុប

Europa

អាមេរិកខាងជើង

América del Norte

អាមេរិកខាងត្បូង

América del Sur

អាហ្វ្រិក

África

អាស៊ី

Asia

អូស្ត្រាលី

Australia

អាត្លង់ទិច

Atlántico

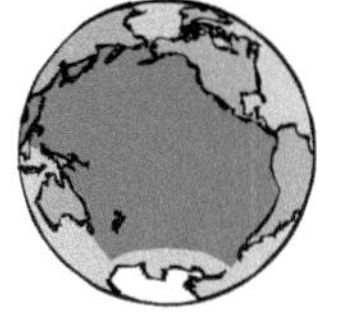

ប៉ាស៊ីហ្វិក

Pacífico

មហាសមុទ្រឥណ្ឌា

Océano Índico

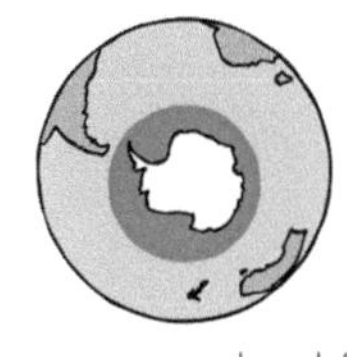

មហាសមុទ្រអង់តាក់ទិច

Océano Antártico

មហាសមុទ្រអាកទិច

Océano Ártico

ប៉ូលខាងជើង

polo norte

ប៉ូលខាងត្បូង

polo sur

អង់តាក់ទិក

Antártida

ផែនដី

Tierra

ដីគោក

tierra

សមុទ្រ

mar

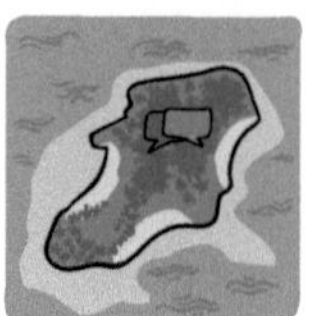

កោះ

isla

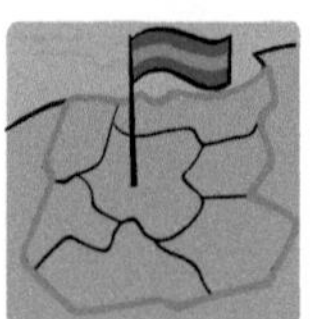

ប្រទេសជាតិ

nación

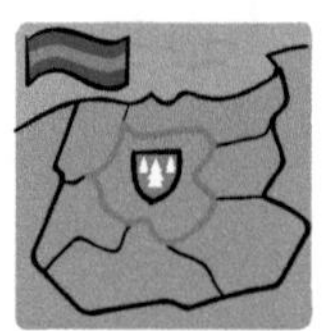

រដ្ឋ

estado

នាឡិកា

reloj

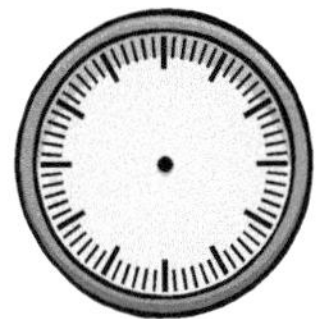

មុខនាឡិកា

esfera

ទ្រនិចម៉ោង

manecilla de las horas

ទ្រនិចនាទី

minutero

ទ្រនិចវិនាទី

segundero

ម៉ោងប៉ុន្មាន?

¿Qué hora es?

ថ្ងៃ

día

ពេលវេលា

hora

ឥឡូវនេះ

ahora

នាឡិកាឌីជីថល

reloj digital

នាទី

minuto

ម៉ោង

hora

សប្តាហ៍

semana

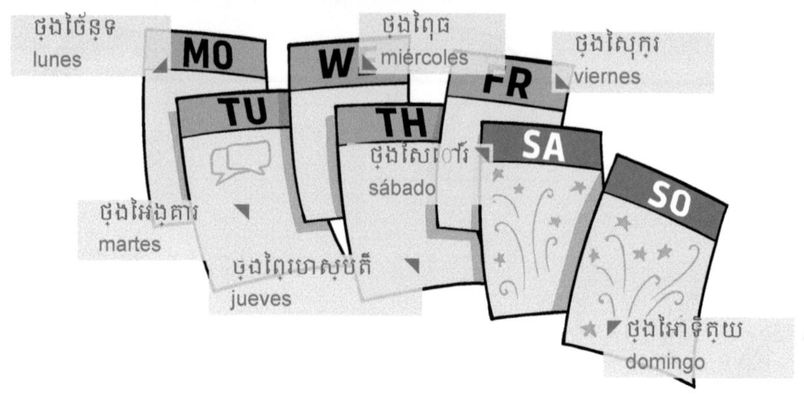

ម្សិលមិញ

ayer

ថ្ងៃនេះ

hoy

ថ្ងៃស្អែក

mañana

ព្រឹក

mañana

ថ្ងៃត្រង់

mediodía

ល្ងាច

tarde

MO	TU	WE	TH	FR	SA	SU
1	2	3	4	5	6	7
8	9	10	11	12	13	14
15	16	17	18	19	20	21
22	23	24	25	26	27	28
29	30	31	1	2	3	4

ថ្ងៃធ្វើការ

días hábiles

MO	TU	WE	TH	FR	SA	SU
1	2	3	4	5	6	7
8	9	10	11	12	13	14
15	16	17	18	19	20	21
22	23	24	25	26	27	28
29	30	31	1	2	3	4

ចុងសប្តាហ៍

fin de semana

ឆ្នាំ

año

ទឹកភ្លៀង
lluvia
ឥន្ធនូ
arco iris
ព្រិល
nieve
ខ្យល់
viento
និទាឃរដូវ
primavera
រដូវស្លឹកឈើជ្រុះ
otoño
រដូវក្តៅ
verano
រដូវរងារ
invierno

4.APRIL 11°
5.APRIL 4°
6.APRIL 13°
7.APRIL 8°
8.APRIL 10°

ការព្យាករណ៍អាកាសធាតុ

....

pronóstico meteorológico

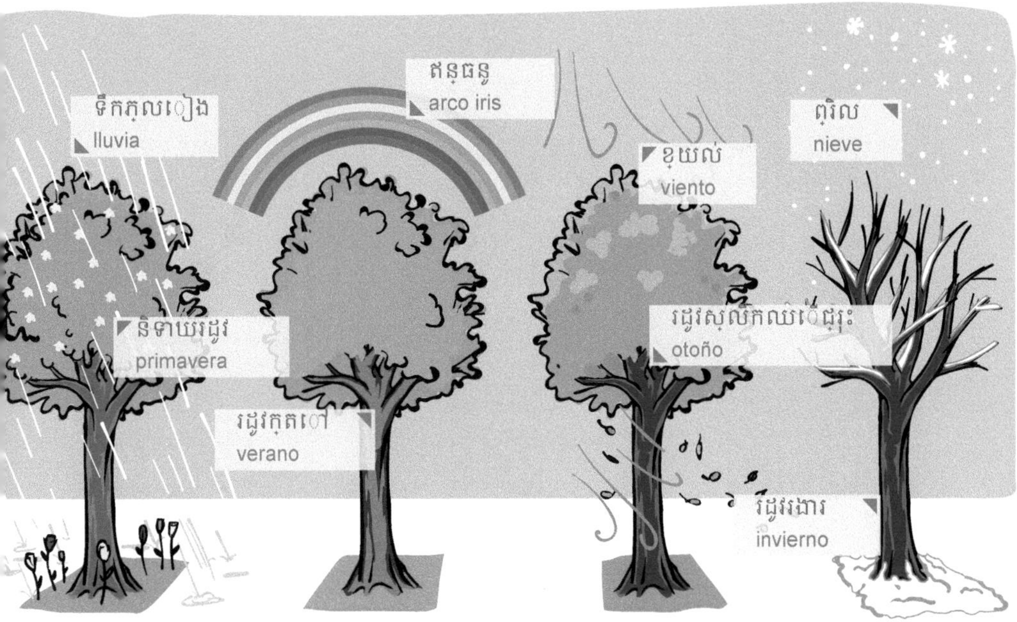

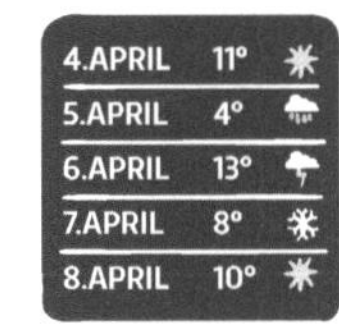

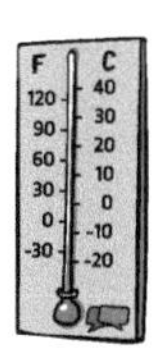

F C
120 90 60 30 0 -30
40 30 20 10 0 -10 -20

ទែរម៉ូម៉ែត្រ

....

termómetro

ពន្លឺថ្ងៃ

....

luz del sol

ពពក

....

nube

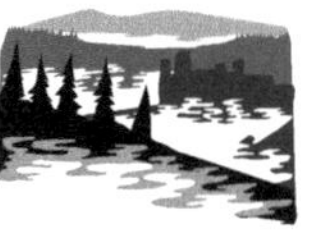

អ័ព្ទ

....

niebla

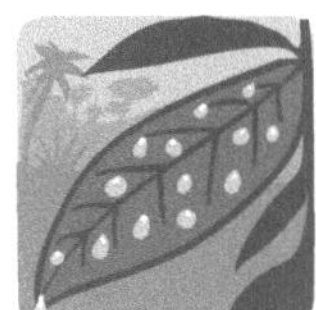

សំណើម

....

humedad

រន្ទះ

rayo

ផ្គរ

trueno

ព្យុះ

tormenta

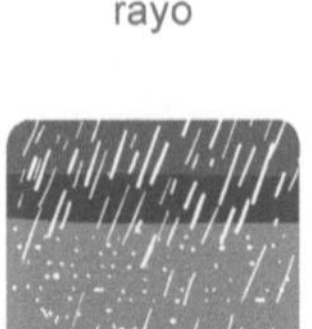

ព្រិល

granizo

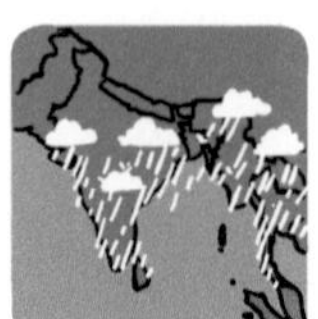

ខ្យល់មូសុង

monzón

ទឹកជំនន់

inundación

ទឹកកក

hielo

ខែមករា

enero

ខែកុម្ភៈ

febrero

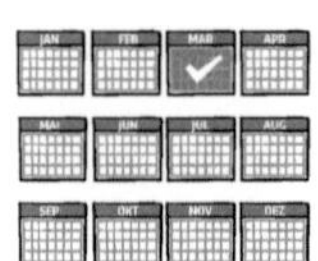

ខែមីនា

marzo

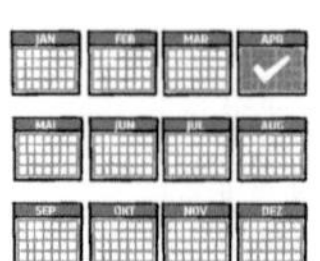

ខែមេសា

abril

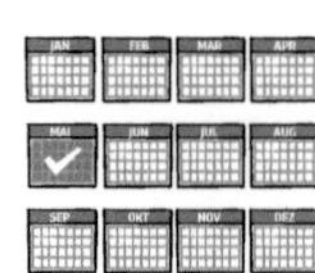

ខែឧសភា

mayo

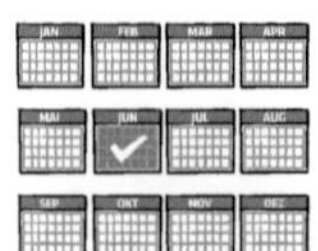

ខែមិថុនា

junio

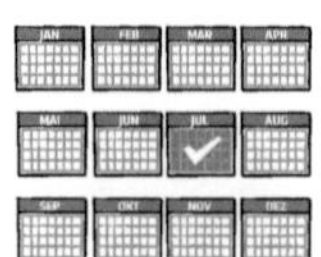

ខែកក្កដា

julio

ខែសីហា

agosto

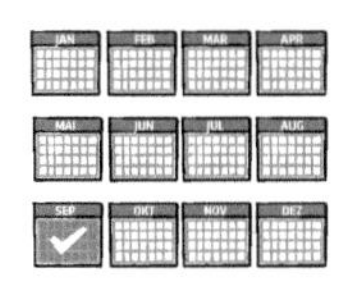

ខែកញ្ញា

septiembre

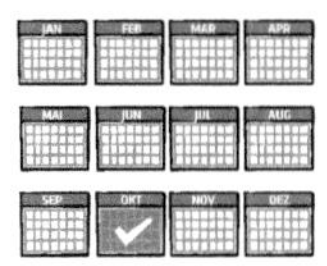

ខែតុលា

octubre

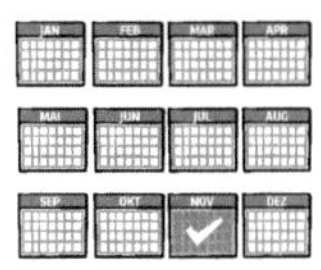

ខែវិច្ឆិកា

noviembre

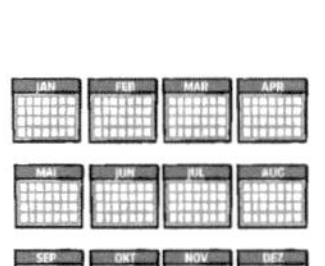

ខែធ្នូ

diciembre

រាង

formas

រង្វង់

círculo

ការ៉េ

cuadrado

ចតុកោណកែង

rectángulo

ត្រីកោណ

triángulo

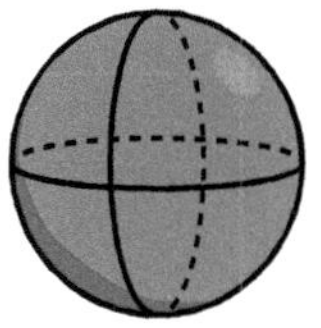

ស្វ៊ែរ

esfera

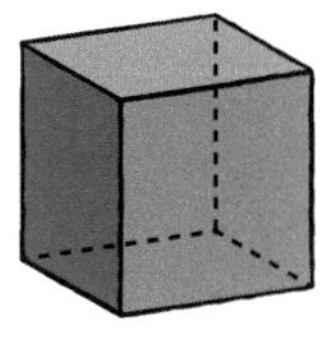

គូប

cubo

ពណ៌

colores

ពណ៌ស

blanco

ពណ៌លឿង

amarillo

ពណ៌ទឹកក្រូច

naranja

ពណ៌ផ្កាឈូក

rosa

ពណ៌ក្រហម

rojo

ពណ៌ស្វាយ

violeta

ពណ៌ខៀវ

azul

ពណ៌បៃតង

verde

ពណ៌ទឹកក្រូច

marrón

ពណ៌ប្រផេះ

gris

ពណ៌ខ្មៅ

negro

ផ្ទុយគ្នា

opuestos

ច្រើន / តិចតួច

mucho / poco

ខឹង / ត្រជាក់ចិត្ត

enojado / tranquilo

ស្រស់ស្អាត / អាក្រក់

lindo / feo

ចាប់ផ្តើម / បញ្ចប់

principio / fin

ធំ / តូច

grande / chico

ភ្លឺ / ងងឹត

claro / oscuro

ងប្អូនប្រុស / បងប្អូនស្រី

hermano / hermana

ស្អាត / កខ្វក់

limpio / sucio

ពេញលេញ / មិនពេញលេញ

completo / incompleto

ថ្ងៃ / យប់

día / noche

ស្លាប់ / នៅរស់

muerto / vivo

ធំទូលាយ / តូចចង្អៀត

ancho / angosto

អាចបរិភោគបាន / មិនអាចបរិភោគបាន

comestible / no comestible

ចិត្តអាក្រក់ / ចិត្តល្អ

malo / amable

ការរំភើប / អផ្សុក

entusiasmado / aburrido

ធាត់ / ស្គម

gordo / flaco

ដំបូង / ចុងក្រោយ

primero / último

មិត្តភក្តិ / សត្រូវ

amigo / enemigo

ពេញ / ទទេ

lleno / vacío

រឹង / ទន់

duro / blando

ធ្ងន់ / ស្រាល

pesado / liviano

ភាពអត់ឃ្លាន / ការស្រេកឃ្លាន

hambre / sed

ឈឺ / មានសុខភាពល្អ

enfermo / sano

ខុសច្បាប់ / ត្រូវច្បាប់

ilegal / legal

ឆ្លាតវៃ / ឆ្កួត

inteligente / estúpido

ឆ្វេង / ស្តាំ

izquierda / derecha

ជិត / ឆ្ងាយ

cerca / lejos

ថ្មី / បានប្រើ

nuevo / usado

គ្មានអ្វីសោះ / អ្វីមួយ

nada / algo

ចាស់ / ក្មេង

viejo / joven

បើក / បិទ

encendido / apagado

បើក / បិទ

abierto / cerrado

ស្ងប់ស្ងាត់ / ឮខ្លាំង

silencioso / ruidoso

មាន / ក្រ

rico / pobre

ត្រូវ / ខុស

correcto / incorrecto

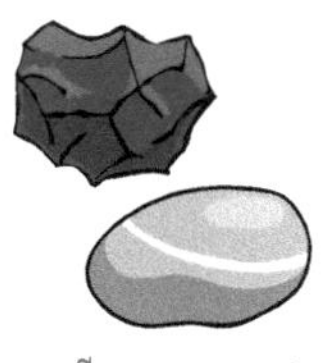

គ្រើម / រលោង

áspero / suave

ហាកចិត្ត / សប្បាយចិត្ត

triste / contento

ខ្លី / វែង

corto / largo

យឺត / លឿន

lento / rápido

សើម / ស្ងួត

mojado / seco

ក្តៅ / ត្រជាក់

caliente / frío

សង្គ្រាម / សន្តិភាព

guerra / paz

លេខ

números

0

សូន្យ

cero

1

មួយ

uno

2

ពីរ

dos

3

បី

tres

4

បួន

cuatro

5

ប្រាំ

cinco

6

ប្រាំមួយ

seis

7

ប្រាំពីរ

siete

8

ប្រាំបី

ocho

9

ប្រាំបួន

nueve

10

ដប់

diez

11

ដប់មួយ

once

12

ដប់ពីរ

doce

13

ដប់បី

trece

14

ដប់បួន

catorce

15

ដប់ប្រាំ

quince

16

ដប់ប្រាំមួយ

dieciséis

17

ដប់ប្រាំពីរ

diecisiete

18

ដប់ប្រាំបី

dieciocho

19

ដប់ប្រាំបួន

diecinueve

20

ម្ភៃ

veinte

100

រយ

cien

1.000

ពាន់

mil

1.000.000

លាន

millón

ភាសា

idiomas

អង់គ្លេស

inglés

អង់គ្លេសអាមេរិក

inglés americano

ចិនកុកងឺ

chino mandarín

ហិណ្ឌូ

hindi

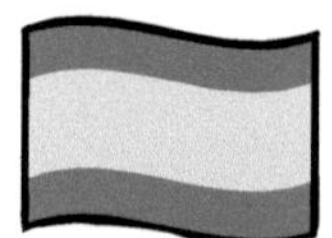

អេស្ប៉ាញ

español

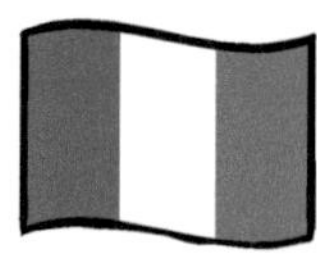

បារាំង

francés

អារ៉ាប់

árabe

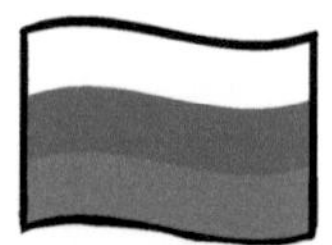

រុស្ស៊ី

ruso

ព័រទុយហ្គាល់

portugués

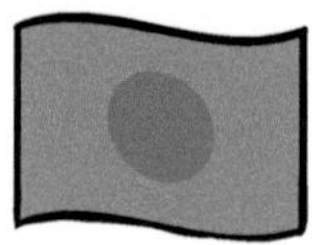

បង់ក្លាដែស

bengalí

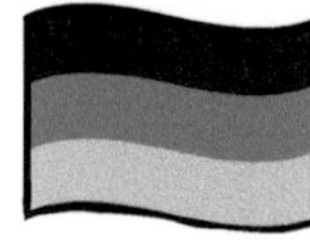

អាល្លឺម៉ង់

alemán

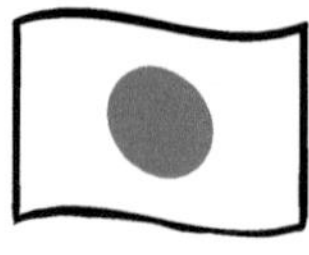

ជប៉ុន

japonés

នរណា / អ្វី / របៀប
quién / qué / cómo

ខ្ញុំ

yo

អ្នក

vos

គាត់ / នាង / វា

él / ella

យើង

nosotros

អ្នក

ustedes

ពួកគហោន

ellos

នរណា?

¿quién?

អ្វី?

¿qué?

របៀបណា?

¿cómo?

កន្លែងណា?

¿dónde?

ពេលណា?

¿cuándo?

ឈ្មោះ

nombre

កន្លែង

dónde

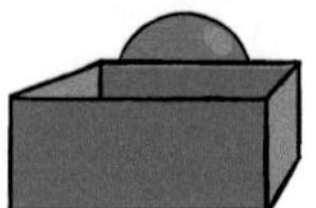

ពីក្រោយ

detrás

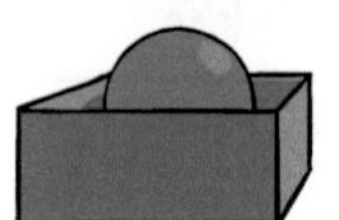

ក្នុង

en

ពីមុខ

adelante de

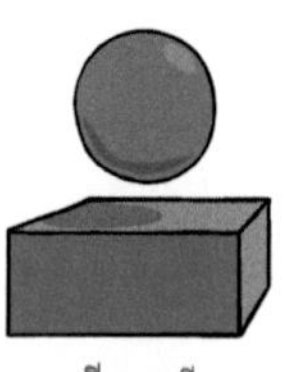

ពីលើ

por encima de

នៅលើ

sobre

នៅក្រោម

debajo de

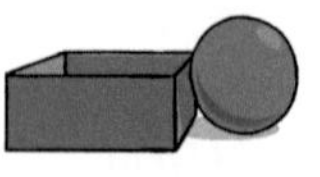

នៅក្បែរ

al lado de

រវាង

entre

កន្លែង

lugar